金繕，做自己人生的修繕師

托馬斯・拿瓦羅（Tomás Navarro）著
葉淑吟 譯

金繕，做自己人生的修繕師
Kintsukuroi : el arte de curar heridas emocionales

作　　者　托馬斯・拿瓦羅（Tomás Navarro）
譯　　者　葉淑吟
編　　輯　蔡幃誠、蔡幃寧
校　　對　魏秋綢
內頁排版　趙小芳

發行人兼出版總監　蔡建志
出　　版　大溏文化事業有限公司
發　　行　大和書報圖書股份有限公司
地　　址　新竹市關新路 188 號 5 樓之 9
電　　話　(03)5630500
郵　　件　datangbooks@gmail.com
初版一刷　2024 年 6 月

印　　刷　呈靖彩藝有限公司
定　　價　450 元

國家圖書館出版品預行編目 (CIP) 資料

金繕，做自己人生的修繕師 / 托馬斯．拿瓦羅（Tomás Navarro）作．-- 初版．-- 新竹市：大溏文化事業有限公司出版：大和書報圖書股份有限公司發行，2024.06
面；　公分
1.CST: 情緒管理 2.CST: 心理治療

譯自：Kintsukuroi : el arte de curar heridas emocionales.

ISBN 978-626-98583-0-9(平裝)

176.52　　113005485

目錄

第二部　金繕，修繕人生的藝術

目錄

第三部　備前燒，堅持的藝術

引言　從一則金繕故事談起

★祖繼的夢想

一扇門半掩著，祖繼跪坐在裡頭。京都最優秀的陶藝家長次郎屏氣凝神，視線落在他們倆眼前一共三十袋的陶土。祖繼一整個早上保持同樣姿勢不動。默不吭聲。審視所有的陶土。他不停地從桌上拿起來再放下。一袋接著一袋。每一袋都仔細摸過。突然間，祖繼的嘴角微微地上揚。他終於找到屬意的那一袋！

祖繼不但有耐心，也是個聰明人。對他來說挑選最合適的陶土十分重要，因為每一袋的觸感不同，感覺也獨一無二。所謂的平庸與優秀，其中的分別就在對待細節的態度，祖繼決心創作一件獨一無二的不凡作品。

他雙手舉到胸口，對著那袋陶土行禮，接著小心翼翼地捧起，享受在這特殊一刻漾開的感受。他注意到陶土的濕度和微微的冷度。他的靈魂與作品的靈魂、故事，以及來到他手裡過程，連結在一塊兒。

祖繼花了好幾天尋找恰當的陶土。他的足跡遍及森林、河岸，甚至琵琶湖畔。在那兒，他閉上雙眼，雙手插進土裡，探求泥土的本質。在當時以及此刻，在工作坊，閉上眼以後，他記起埋藏在他的選擇中的想像與夢想，他感覺自己很幸運，相當感恩。

他坐在工作坊窗邊，他在這個角落度過了許多學習時間。現代的年輕人總是急著想學完。如果不快一點，他們會感到厭煩，失去動力，放棄學習。他們不知道，扎扎實實學東西需要時間，需要虛心接納，也需要好奇心。但是祖繼跟一般的年輕人不同，他有著老年人的耐性，和孩童的求知若渴。祖繼滿腦子想法，他的眼睛因為夢想發亮，他的心因為迫不及待撲通狂跳。他知道這是個非常特殊的時刻，但是他得讓身體、腦袋和靈魂保持澄淨。

長次郎從工作坊一角看著他。他心想，年輕人通常靜不下來。然而，祖繼不同。他特別敏感，情緒也相當強韌。長次郎知道眼前的學生就是他的傳人，這個年輕人具備像是已經活了一輩子的沉穩，卻又有著準備好好活出下半輩子的精力。

祖繼閉上眼摸著作品。他全神貫注塑型，感覺手指跟陶土、泥土、大自然以及藝術融成一體。他拿起作品，感覺一切都是可能的，任何可以從泥土變幻的上百萬種造型，正在等著陶藝師的雙手去探索。祖繼想像並去感受，探索了每一種可能的形狀。他捧起茶碗，放空思緒，他的心智專注在此時此刻，因為他沒辦法同時做兩件事。他知道，如果他想要創造出色的作品，他得要把全副心力放在上面。他是如此專注，甚至忘掉了時間和空間。他的宇宙濃縮在他的手上。就在這一刻，全世界只剩下他跟他的茶碗。

他知道簡單就是美，真正出色的作品不需要多餘的裝飾，極簡就是美就是和諧，他謹記這一點，仔細而緩緩地替作品上釉彩。最後的成品是一個樸素的茶碗。樸實有它的美感。簡單能給人啟發。真實能帶來力量。對祖繼而言，這個茶碗反映了他的靈魂、人生、創造力，以及他開放的心智。茶碗的質地，訴說他的雙手的故事，他的人生的精神性，和他對大自然的愛。

長次郎替學生的創作過程最關鍵一刻，搭蓋了一座爐；爐子相當漂亮。祖繼把茶碗送進爐裡。慢慢地，他的作品因為溫度改變了顏色。當他的作品完全變成白色，他拿起鐵鉗用力夾緊，然後放進一個裝滿木屑的盆子。燒製的煙和火焰包圍了茶碗合為一體，創造出另一個新的實體。這件作品的釉彩也參與了這支質樸的幻化舞蹈，凝結成一片細緻的色彩，形狀和亮光。祖繼凝視整個過程，他親眼目睹某個美麗而獨特的東西誕生，幾乎壓抑不住內心的激動。

終於，拿出作品那一刻到了。火、土和空氣組成各種變化莫測的形體，替茶碗添上了光和影。經過這麼久的學習，付出這麼多的努力和耐心，祖繼終於看到所有他投注的心力與愛開花結果。這是如此珍貴，祖繼忍不住全身顫抖。這時一股冷顫竄過他的背脊。抵達他的雙手，而這件美麗的作品就這樣掉落地面，摔成六塊碎片。祖繼把鐵鉗扔到一旁，跪在他的作品旁邊，他一臉茫然，說不出話來。他的雙手發抖，眼眶充滿淚水。他創作的作品也太短命了。這時他發現有隻手輕輕地搭在他的肩上。

「祖繼，別哭。」長次郎對他說。

「可是這是我的性命，要我如何不哭！」祖繼回答。

「你做得很棒，你投注生命和熱情在這件作品上。可是陶器就如同生命，美麗而脆弱。陶器跟生命可能摔成千百個碎片。但是我們不該因此放棄活出精采人生，創造人生，投注我們的希望和幻想。我們不該逃避活著，更要學習在逆境過後振作起來。祖繼，撿起碎片，該是時候了，修補你的幻想。破碎可以修補，你應該要這麼做，不要隱藏你的脆弱，因為外表的脆弱會化為力量。親愛的祖繼，該是時候了，讓我來跟你細說新的技巧，跟你解釋遠古的金繕藝術，幫助你修繕你的人生、幻想和工作。去拿來那塊我保存在最後一個書架上的盒子裡的金粉吧。」

（故事後續請見第一章到第十三章的各章章首）

◆ ◆ ◆

金繕是一門古老的日本藝術，旨在修繕破裂的東西。當打破一件陶器，金繕大師會拿黃金來修復，留下修補的痕跡，因為修繕後的作品反而象徵脆弱、堅強和美麗。

陶器跟人一樣，同時具備脆弱、堅強和美麗；也跟人生一樣會摔碎，但是如果知道從哪兒著手，也就能修繕。藉著這本書，我將詳述人生如何在經歷破碎之後修繕，如何治癒情感的傷口。我們會先看逆境在我們人生和健康扮演的角色，如何面對，以及對我們人生和健康造成的影響。在本書第二部分，我將採用來自心理學嚴謹有效的成果，用一種簡單有用的方式，解釋修繕人生的藝術有哪些，這是我諮商病患所累積的二十年經驗：他們必須修繕人生、治癒情感的傷口以及美化留下的傷疤。最後，我將在第三部分享不同的真實故事，跟著一起經歷他們的人生；每一章節以一則故事開始，並解說如何面對這種狀況的技巧和方法。各位讀者會從我解釋的案例，看到我採行我們用過的方法，以教學方式細說過程，讓有同樣需要的你可以實際運用讀到的東西。

在本書，我將談到執業期間遇到的各種狀況。全部都是真實案例。令人難過的是，全都很常見。因此我決定統整並跟大家分享，如果有一天你遇到相同情況，處在相同情緒，或者你想要幫助某個人修繕他的人生，你可以把本書當作指引，協助他找到幫助和啟發。

我會特別著重解釋該如何去做。沒錯，就是要怎麼做。我相信有非常多文章告訴你該做什麼，為什麼這麼做，甚至有些文章相當令人熱血沸騰。但是在我看來，大家更需要的是有更多解釋怎麼做的書。我們這些專家通常很怕跟大家分享用來當工具的書籍。不只有我這樣。我一直相信心理學不止於診所、教室，而是要用在大眾身上。我在第一本著作《情感的力量》（Fortaleza emocional）曾對讀者提出一個概念，一種方法，以及一套如何做到的辦法。而在這本《金繕》（Kintsukuroi），我將更進一步探索，分享真實案例以及解決辦法，讓讀者能自行去做。

心理學的目標是幫助人更加堅強和快樂，提供大家工具克服逆境，而在某些時候，我們其實只要知道該怎麼做即可。因為我們不一定會向心理醫生求診，因此我下了一番苦功，力求寫成一本幫助大家克服逆境的寶書。介紹一種有效的方式，幫助大家自行修繕人生。

◆

在這本《金繕》，我將幫助大家修繕各種狀況，達成三個目標。

首先，我想要各位知道這並不奇怪或異常。

有時我們折磨自己或受他人眼光折磨，感覺自己是怪胎，我們相信自己罪有應得，無法克服難關。但並非如此。依據我執業的經驗，我看到同樣的問題一而再再而三發生。我抽絲剝繭常見的原因，加以研究、分析和解釋。可以說，全都是可以克服的。或許讀本書同時，你會在書中案例看到似曾相識的影子。若是如此，請鼓起勇氣打電話給對方，告訴他現在你比較了解他了。分享你的痛苦，分擔他人的痛苦，並分享你修繕自己的過程，當作供人參考的案例。

我的第二個目標是讓各位能開口跟身邊的人談你的遭遇和感受。有時我們過於草率，太早斷定自己無法保護自己，無法解釋清楚發生在身上的事情。但我們正是在遭逢不幸時，特別需要他人感同身受，得到最大的了解、支持與同情。我見過很多人，非常多的人。我體驗了他們的痛苦。我也為他們的成果高興。我將在本書以教學方式，解釋或許你正受折磨或經歷的事。

最後，我的第三個目標是提供工具，讓大家克服逆境，如同真正的金繕大師，重建你的人生。

讀過這本書，你將會更加強壯而美麗，因為你能夠克服逆境，從中學習，相信自己能面對人生，不管道路上遇到的是挑戰、問題還是挫折。

◆

恢復力是近來的熱門話題，但我的建議是更進一步，提供一種重塑人生的方法。

我希望各位能透過慢讀來探索《金繕》，不要太急，慢慢享受書中欲與你分享的每個觀念，每則故事，和每種辦法。千萬不要狼吞虎嚥，不要隨意瀏覽，不要邊讀邊跟我對話。我會試著想像各位的模樣，以第一人稱跟大家解釋，以及聆聽你的心聲。當你跟這本書對話，或跟我對話時，請慢慢來，先思考再細細咀嚼。跟《金繕》連結，跟我連結，跟慢讀連結。

我寫這本書，也是一點一滴慢慢來，大部分時間待在山裡，四周不是土撥鼠就是羚羊。因此，我也希望你能慢慢讀。你可以在地鐵或在飛機上讀，但是我鼓勵你找個舒服的空間坐下來，好專心品嚐。找個公園，或到海灘或山裡，散個步，尋找你所需要的安靜，跟我以及跟你自己對話。

我會在這本書裡，幫各位活出精采，重塑你自己，修繕你的人生。長次郎說過，不要忘記陶器跟生命可能摔成上千個碎片，但是我們不該因此放棄活出精采人生，創造人生，投注我們的希望和幻想。我們不該逃避活著，更要學習在逆境過後振作起來。

第一部
樂燒，基本藝術

這是一個非常重要的觀念，
一個「透視」的觀念。
人生有它的面貌，
但是依照你專注在哪個部分，
會看到的東西並不同。

第一章　樂燒，基本藝術

「親愛的祖繼，這輩子最基本的一件事就是活著。」長次郎的話在祖繼腦海一次又一次迴盪。「祖繼，活出精采，投注無限的愛在每件作品，要知道，如果人生摔碎，是可以修繕的。」

活著不會永遠風平浪靜

這輩子最基本的一件事就是活著。對，活著。活著跟勉強過活不同。這兩者之間有相當的差別。活著指的是要活得精采：這時人生是色彩鮮豔的，親吻是滿溢熱情的，身體會為每一種感受顫抖。願意活著的人是勇者，因為他必須做決定，走出舒適區，積極尋找發展和成長。當活得越是精采，我們就越願意承擔風險，不再那麼脆弱。

活著需要如堡壘般堅固的情感，只要觀點堅定，我們就能抵禦外在的壓力。然而，不要忘了無形中我們也會給自己壓力。我們經常扮演惡毒批評自己的裁判。我們把別人的期待加在自己身上，變成壓力，壓垮身心和生活。我們壓榨自己到疲累不堪。我們逼迫自己達成不真實的目標，某天某個人希望我們追逐的夢想，跟現實生活天差地遠的空想，以及我們自導自演的小劇場。

活出精采需要堅持，才能促使自己做出選擇，放下其他人加在你身上的期許。對，這種堅持，跟迎合其他人期待所編織的外表、表現和畫面，是有落差的。

真正的人生應該是精采的人生。你所能做的最好是與眾不同。不要試著跟其他人一樣。你不該放棄或視而不見你的特質，轉而追求跟其他人一樣的人生。我們來到世界上，不只是付帳單或一年只在度假的月份享受一下。你具備各種等待你去挖掘的特點，該讓這些特點替你工作。

活出精采是重要也是必要的，因為這賭上了我們和我們所愛的人的幸福。但活著不會永遠風平浪靜，因為活得精采的人可能會受傷。大家都知道什麼都不做就不會有痛苦。然而，千萬不要怕受傷就裹足不前！你的身體懂得修復傷害，同樣地，你的心智和你的情感也是。對，我們的身體、心智和情感具備一種我們稱作自我修復的機制，負責修復並治癒破碎和痛苦。如果你不想要痛苦，不想要摔碎，你只能關在家裡勉強過活，在那裡一切都在掌握中，是一個帶給你安全感和舒適的地方；不過你得知道你的身體其實知道如何修復痛苦、傷口和難過。

別想要過著沒有痛苦的幸福日子，這種日子只會讓你勉強過生活，無法過得精采；你該做的反而是追求積極豐富的生活，相信自己能克服任何可能遭遇的逆境，能在任何時刻修繕你的生活。所以抉擇吧：你只想勉強度日，過著一成不變的日子，忽略心底的疑問，害怕受傷而將愛情拒於門外，害怕疲累而不願奔跑，害怕跌倒而不想跳碰，害怕衣服不見而不敢跳進海裡裸泳，不願意躺在陽光撒落的草皮上思考以免浪費時間，不願意親吻你所愛的人，不敢蓬頭垢面，也不敢衣裝不整……，尤其是不敢用雙倍的熱情和活力來豐富生活，或者你想開始活著。

不要因為害怕而抵押你的生活。不要因為恐懼逆境的考驗而停止活出自己。逆境只不過一種挑戰，所以訓練自己征服它。好好準備迎接它。不要忘了，重要的是活出人生。跑、跳，一頭亂髮……。就是要活出精采！

你準備好了嗎

讓我跟你解釋一個非常重要的觀念，一個「透視」的觀念。人生有它的面貌，但是依照你專注在哪個部分，會看到的東西並不同。

讓我跟你分享一個例子。我記得許多年前曾到多洛米蒂山踏青。我開車上路，打算開一整天中途不休息，因為我估計天黑前可以抵達。可是半路上我決定在尼斯停車，享受海水浴，因為一時興起，等我抵達多洛米蒂山已經天黑。我摸黑紮營，除了車燈照射的範圍，四周伸手不見五指，進入夢鄉前我心裡想著，這個地方的景色就跟庇里牛斯山的任何一處山谷大同小異吧。但是這個想法在第二天清早醒來完全顛覆。當我離開帳篷，看到的是令人難忘的風光。多洛米蒂山染上一片淡紅，沐浴在最初幾道劃破整座山谷黑暗的曙光裡。多謝曙光，我得以透視眼前景色。這片景色一直在這裡，只因為被黑暗掩去。看不到多洛米蒂山並不代表山並不存在，同樣地，若是你不認知到自己的本領，就不可能發揮長處和力量。因此問題是：你準備好好看清楚你的人生了嗎？從全新的觀點用透視方式看待逆境，以及挖掘你駕馭逆境的能耐？如果答案是肯定的，我們就繼續看下去。

第二章　學會與逆境和痛苦共處

祖繼知道這不會是他打破的第一件作品。或許也不會是最後一件。但是這是他最珍惜、滿意也是最喜愛的一件。他還能繼續去愛每一件作品嗎？祖繼害怕自己不能再承受一次不幸、痛苦和逆境。

學習堅強

「我相信一般人並不知道人生的成分。」他突如其來對我說，跟我談話的對象是個聰明的科學家，他這個懷疑論者，就在電視攝影棚的訪客廳向我挑戰，展開一場深度對話。

我得說，我原本打算利用這幾分鐘準備待會兒的訪談，但是我很樂意把工作丟到一旁，跟他聊一下。每當我遇到聰明人，我總喜歡了解他，跟他過招和辯論；因此，我可不願意錯過這樣一個學習的大好機會。

「一般人對自己有一些不真實的期待。他們相信人生應該要是美好的；此外這種不真實的期待在勵志書籍不負責任的推波助瀾下，如野火燎原。」他繼續說。

對話變得有趣了。老實說，他說的沒錯，我們總是一再聽人勸我們要追求幸福快樂的日子，但真相是，如果我們想改變自己，應該是要變得堅強，因為人生道路上等著的是不斷的挑戰，不論如何都得面對。而且幸福是暫時的，不可能永遠繼續下去。我們認定自己不完整，我們以為自己需要快樂，我們追逐涅槃，相信抵達這個境界就能快樂，我們不知道的是，快樂就在某處，在旅途上。我們攀爬的每一座山，涉水而過的每一條河，橫越的每一座沙漠，都能讓自己更堅強，當我們知道自己更堅強，更有自信，更充分準備，我們就能在當下感到自己更加快樂。

我們經常只有一個選擇，那就是學習堅強。地球上有幾十億居民，我們每一個人在某個時刻都得面對逆境、痛苦、難過傷心或任何挑戰，可能是問題或意外。這是無法避免的。我們既然得面對逆境，最好得做好準備。逆境是組成人生的其中一個旁枝元素，我們不要拒絕或逃離，而是要直視，學習如何打交道、掌握甚至是克服。因此，我要教你的不會是過得快樂，而是要學習堅強，與逆境共處，迎接每天的挑戰和問題以及帶來的影響。

不久前，我見過一個剛剛在車禍中痛失母親的人。她傷心欲絕，成天以淚洗臉。她的眼神空洞，無法進行談話，她的眼睛哭得紅腫，雙手抖個不停。她的狀況很糟，可以說糟透了。她感覺孤單，無依無靠，她不知道該做什麼，一連好幾天在家裡東晃西晃，沒特別做什麼事。我親愛的朋友正在面對一個她從未想像的最艱難處境；而且她手無寸鐵：她活到二十九歲，從來沒機會學習克服困境。她一直靠著父母幫她清除人生道路上的石頭，繪上燦爛太陽，掃除帶來暴風雨的烏雲，替她打造一個快樂、舒適和安全的生活。她的父母以為這樣深切的愛對女兒最好，卻沒發現事實上是害了她，剝奪她學習抵抗逆境的機會，無法運用所需的技巧加以克服。

人生道路是變化多端是崎嶇不平的。改變，是人生、世界和生存的一部分，昨天或許還有價值的東西，到了今天可能一文不值。我們小時候的人生舞台，跟一路成長會遇到的種種並不相干。人生無法掌握也無法預知，當我們這麼做，只是自欺欺人，只是勾勒一個想像的世界，這個世界將隨著時間腳步崩塌，帶給我們巨大的危機。

我們這輩子一定會遇到問題和危機，好消息是我們可以學習如何掌控和克服。可能無法解決的問題、摔斷手臂或遭所愛的人欺騙，都是可以想辦法修復和學習。我們要相信一次危機，一個問題或者一次逆境，只不過是待解的困難，並把這樣的觀念灌輸給我們的孩子。

我們每天都與逆境相處。當我們學習跑跳、讀寫、吃飯和穿衣，也應該學習如何分辨與處理逆境，因為如何面對逆境決定我們成功的機率。在我看來，學習掌握逆境和建立情感力量是如此重要，應該要以系統化的方式，跟其他種情感力量一起編入學校課程。我們在學校從沒學過人生道路上可能遭遇挑戰和問題，我們的幸福和身心健康卻要看如何適當掌握，我們學到人生是一條康莊大道，但這樣的想法事實上完全是非理性有偏差的。

人生持續不斷變動，舞台佈景不停改變，我們無法也不該逃避接踵而來的挑戰。這條路有高有低，充滿要求和不確定性，有時更反覆無常，我們會遇到美麗和痛苦的事物，成功和失敗，愛情與欺騙。人生是這麼美妙，也充滿挑戰，等待我們去嘗試，給我們回報。逆境不過是需要克服的問題、挫折或是挑戰。但是，你準備好跟逆境相處了嗎？

為什麼我們感到痛苦？

為了活下去。我們能從痛苦學會一種堅強的適應力，而這是活下去的必要一環。所有活著的生物都能在面對有害的刺激、危險甚至是威脅時，發揮應變的能耐。痛苦是適應力的基本機制，讓我們在發現某個可能會傷害、攻擊或摧殘我們的外在或內在的東西時，提早警覺。

因此，當我們忽視情感上的痛苦，比方說來自惡毒的另一半的攻擊，就等於我們視而不見身體發出的警報。千萬不要忽視痛苦，尤其是情感方面，因為這種感覺正在告訴你得做出改變，下某些決心並付諸行動。

痛苦因人而異

二〇一五年十二月二十六日，我們一整天在外頭慶祝耶誕節和聖斯德望日，回到家時已經天黑。我們打開花園的門，把車子開進去。就在這一刻，我看到了我的狗沙丘（Duna）出現，牠是一隻十三歲的拳師犬。接著是圍爐（Vilu），我女兒養的兩歲大邊境牧羊犬，但是我沒看見太太養的艾迪非（Idefix），一隻四歲的西高地白㹴犬。我們下車進入屋內。

「親愛的，替艾迪非開門吧，牠應該在門廊上。」我對太太說。

「牠沒進屋嗎？」她回答我。

艾迪非沒進屋。牠躺在經常曬太陽的角落，已經失去生命氣息，顯然是心肌梗塞發作。從這一刻起，我記住的是無盡的悲傷和哀嘆。但艾迪非的死對我們全家的影響都一樣嗎？我的太太和女兒是不是比我還痛苦？或許該問的是，是誰最痛苦？是一時間哭得呼天搶地的那個，還是默默流淚許久的那個？艾迪非的死對我們三個都造成深深的影響，我們三個都感到痛苦。可是我們感受的方式不同。當遇到一次逆境時，很難區分對個人造成的衝擊，也不容易跟其他人比較，因為主觀的因素決定我們對逆境評價，以及我們認為會對人生造成的影響。或許關鍵字就是「認為」。

現在我問自己，如果死的是沙丘，我會更痛苦嗎？或者我已經做好心理準備面對？沙丘是隻老狗，稱得上人類的百歲人瑞。我們帶著沙丘跑遍大半個歐洲。牠曾跟丹麥的人魚像、布魯塞爾的原子球塔以及艾菲爾鐵塔照相。牠的足跡遍布庇里牛斯山、阿爾卑斯山和數不清的歐洲高山，也曾在挪威蓋朗厄爾峽灣游泳，和所有我們從卑爾根到卡地茲拜訪過的湖泊。牠曾搭船、火車和巴士旅行……，牠甚至搭過空中纜車。牠在大半個世界都有朋友，還靠著天真的傻呼呼模樣，偷了許多人的心。我非常確定沙丘比一般拳師犬的一生多了幾年精采的日子。這一天，牠正享受著在卡地山奔跑，探索路徑，跳進路上看到的第一條河或湖泊游泳。沙丘跟在我的身邊跑著，算是緊貼著。牠瞎了也聾了，但仍不錯過任何可以到山中奔跑跳躍的機會。

與沙丘離別已在預期中，但是對我來說會比艾迪非突如其來的死還痛苦嗎？我不知道。「還痛苦」是什麼意思？我們如何能量化痛苦？是不是有什麼評量表？痛苦是主觀的，人的感受程度有相當的差異。一個人在面對相同情況，痛苦的強烈度可能不同。仔細思考一下，並回想你的牙痛經驗。試著搜尋記憶中的肚子痛、頭痛或者經痛。現在分析看看是不是每次的頭痛的痛感都一樣，是不是每個月經痛的模式都一樣，是不是每次的肚子痛跟牙痛都跟之前一次一樣。你會看到，因為不同原因，痛苦的程度也有所不同。因此，即使是同一個人遭受同樣的痛苦，也可能因為時間點跟方式不同，而感受也不同。目前，我們沒有一套可信的評量痛苦的辦法，所以我們只能依照對痛苦的主觀判斷，但要知道，不管是精神、疲累或是調節痛苦的能力，都是需要考慮的影響因素。

痛苦生理學

痛苦是經由某種特殊的受體觸發，我們稱作「痛覺感受器」（nociceptor），主要功用是察覺痛苦。這種感受器分布我們全身上下，能夠分辨好的與壞的觸發。在觸發當下，信號會沿著脊椎抵達大腦，引發逃避的反射動作，得以避開正在發生的痛苦。抵達大腦後，觸發過去痛苦的經驗，一種完全屬於主觀角度難以量化的經驗，可是通常與精神狀態連結在一起，比如悲傷或不安。

要注意的是，不要忘記我們的大腦是真相實境中心，也是虛擬實境，因此，我們有時會感到痛苦，即使並沒有任何實際的觸發因素，也就是痛覺感受器。痛苦，是一種生理上精密的過程，讓人類得以在大自然演化過程存活。儘管這套機制甚少失誤，有時我們還是會為了從未發生以及不可能會發生的事情感到難過。

痛苦與表達痛苦

這是兩個經常混淆的概念。讓我來跟你舉個真實案例來解釋，這也是我的親身經驗。當時我相當年輕，在教授一門溝通課程時，遇到一件非常有趣的事。某天上課到一半時，有個人猛然站起來，開始繞著圈圈踱步，並大聲說話，完全打斷課程，他對我們說他得了重感冒，痛苦得不得了。他一整堂課都在抱怨。他抱怨頭痛、流鼻水、喉嚨痛，以及眼皮跟鉛塊一樣沉重。老實說，我不知道他有多不舒服，但是我們在場的每個人毫不懷疑那是他人生中最慘的一場感冒。

在他右邊幾張椅子外，有個人似乎在忍受什麼抽痛。突然間，他沒辦法專心課堂上的事，伸手捂住臉，並且閉上眼睛。或許是牙痛。我永遠不知道。他連一句話也不吭。他沒說出來。沒跟大家說他不舒服。但是分析他的動作跟臉上的表情，我確定他痛得不得了。然而，從旁人角度來看，誰比較痛苦？是不停抱怨的人？還是試著掩飾疼痛的人？

痛苦通常是難以控制的，可以控制的是如何表達痛苦。當我們表達出來，便是跟身邊的人傾訴痛苦。這是正常甚至是好的舉動，因為分享痛苦能喚醒他人對我們的處境感同身受，或許幫我們減輕痛苦。如果我們想從一個人的表達知道他的疼痛程度，很有可能會猜錯。分享痛苦並不會因此不痛。忍痛不說也不會因此更痛。我們對一個人遭逢人生意外有多麼痛苦知道很少，太少了。

當痛苦是有毒的

有些人為了吸引他人目光，可能採取簡單但老掉牙手段：裝痛。這是屢見不鮮的情節。當有人在地鐵跟我們討錢，當足球員倒在地上痛苦掙扎，當孩子怕爸媽責罵，當另一半心情不好而拒絕行房，以及在日常生活中可見的許許多多狀況。

基本上，痛苦是受害者情結的主要元素，這種裝痛往往須要小心。受害者會跟身邊的人討安慰，比如希望他期待他的不幸能換取錢幣。當然，這種行為很常見，但有毒或殘酷的成分並不因此比較少，停下來仔細想想，你會發現你正在操弄身邊的人的情感和擔憂。

當一個心愛的人感到痛苦，我們會跟著他一起難過、哭泣，我們會為他的痛苦揪心揪肺。我們的鏡像神經元和感同身受能力不自覺拷貝了他的痛苦。確確實實。對，你沒看錯。或許痛感比當事人的程度少一點。或許感覺不同……或許只感覺一部分，但是不論如何，這是無法估計的。

別忘了……

- 不要擔心怎麼獲得快樂，而是該讓自己更加堅強。
- 學會與逆境和痛苦共處，不要逃避，不要視而不見，不要排拒。
- 我們得做好準備，練習面對逆境和重建的技能。
- 如果能化逆境為挑戰，或許就能比較容易面對和應付。
- 痛苦因人而異。
- 最痛苦的人往往不是哭得呼天搶地的那一個；不要混淆痛苦與表達痛苦。

第三章　我們為什麼痛苦？

祖繼不知道哪種感覺比較痛，是失望、悲傷還是夢碎。他感覺罪惡感重重壓在肩上。他怎麼會鬆開夾住茶碗的鐵鉗呢？

各行各業，包括心理醫生這一行，你會發現很容易從處理問題的方式，分辨兩種類型專業人士（如果是心理醫生的話，則是處理案例的方式）。

想像一下，你的汽車輪胎沒氣，必須去找檢修的技工。「第一類型專業人士」只會幫你換輪胎（老實說，我挺喜歡這種不帶色彩和優雅的委婉叫法，以免直接罵他們是專門洩氣的不負責任傢伙）。你在哪兒都能碰到這種「第一類型專業人士」，比如只開制酸劑治腸絞痛的醫生，照抄熱門飲食菜單的營養師，只介紹手邊商品的店員，認為你沒事只是多疑的心理醫生，而且他還多補一句還有其他比你嚴重的病患。但是幸好還有

「第二類型專業人士」，他們享受工作，持續進步，永遠保持好奇和渴望的心，他們以尊重、專業和適當的愛來對待客戶。

「第一類型專業人士」工作只希望不要遇到太多問題，趕快到下班時間，「第二類型專業人士」享受解決問題，歡喜迎接每個客戶，他們熱愛工作。如果是技工，他會同時檢查車子，找到可能是哪個零件不良引起輪胎不正常漏氣。如果是醫生，他會分析腸絞痛原因，發現你是乳糜瀉患者。如果是營養師，他會分析你過重的原因，檢查你的飲食內容、新陳代謝和內分泌。如果是店員，他會根據你的外型，挑選能讓你穿出特色的衣服。如果是心理醫生，而且是個優秀的心理醫生，他會抽絲剝繭找出引起你痛苦的原因。

我們會痛苦，原因百百種，我們得分析痛苦的源頭並想辦法找出原因。但是，讓我們一步步來，先分析痛苦的不同來源和原因。

痛苦來自逆境

逆境會引起情感上的痛苦。我們每一天都得面對逆境，沒有上千種也有上百種。逆境是指不怎麼順利的狀況，甚至可能危害我們的利益；逆境就是一種阻礙、霉運或不幸。我們一心追求快樂的生活，卻不知道逆境不僅常見，甚至是心理社會正常發展不可缺少的元素。

我們可以藉由好好管理痛苦來學習，並逐步成長。我們常常試著使用藥物或自我欺騙來掩飾痛苦，一旦這麼做，我們就無法面對問題，尋求解決方法，無法成長，蛻變成更堅強更有自信。因此，別再試圖說服自己發生的事沒什麼大不了，有人比你更悲慘，以及編織沒有意義情節等等，開始接受逆境是人生的一部分，也是幫助我們成長和發展自信的機會。如果我們能把不順的狀況化為必須克服的挑戰，並沒有什麼不好。

痛苦來自挫折

情感上的痛苦也來自我們無法達到期待時所遭受的挫折，但是，我們對人生有哪些期待？我們認為人生應該是什麼面貌？我們的期待往往不真切也不合乎實際。我們專注在有時看來不切實際的目標，這樣一來只會害自己痛苦。

不切實際的期待永遠不可能做到。你可能想著有一天會有個人幫你忙。我不想澆你冷水，但是我鼓勵你，與其枯等不會發生事，倒不如為自己做點事，比方檢視你對未來、個人和世界的期待。

也有人會把他們的期待放在我們身上，我們進而把這些轉成對自己的期待。他們會告訴我們應該成為什麼，應該期待什麼，何時應該得到成功，我們相信了。於是，我們對世界和人生的認識，來自片段的事實、廣告的台詞，某個智者說過的名句，社群上最多瀏覽次數的文章，一次又一次轉貼的網文，以及想像、恐懼和欲望。於是我們相信這種對世界的刻劃，這種架構下的面貌，混淆了真實與欲望，當然這種欲望永遠不可能實現。當無法實現，我們便感到痛苦。而這是一種我們大可省下力氣的痛苦。

在本書第三部分，我會向各位介紹各種不同案例，讓你看到如何修補破碎的部分。但是此刻，我建議最好學習專注在實際的期待，檢視你的期待，並重新調整合乎事實。

你預期會發生什麼？

讓我來跟各位分享我個人的經驗。二〇一五年十一月，我受邀參加橫越火山超級馬拉松（Transvulcania），這是一個享譽盛名的山區路跑，必須從拉帕爾馬島南部橫越美麗的島嶼到北部，橫越所有的火山。這場馬拉松在二〇一六年五月七日舉辦，全程七十八公里，山地崎嶇不平，高度超過八千四百公尺。

抵達島上後，我投宿在跟路跑選手同樣的旅館，大家熱烈討論的話題是預估自己會花少時間完成路跑。早個二十年，我可能只花十個小時跑完全程。不過這個年紀的我受過一點訓練，如果身體沒有不適（這是可能發生的意外），勉強可以花十二個小時跑完，但會非常吃力。最後，我花十五個小時，正是我告訴每個人的預估時間。這個預估是從哪裡來的？從真相。我的現實的狀況是訓練不足，因為從受到邀請到參加比賽的準備時間有限。況且我比二十年前還多了幾公斤在身上，外表滄桑多了，面對痛苦當作享受的動力也改變許多。所以，分析現實狀況完畢，我計畫一小時跑五公里，採取可以持續跑許多公里的節奏。我多估了一些時間，然後就上路了。

事實上，我當天的體力還不錯，我跑步的節奏好過預期，尤其是碰到爬坡路段。如果我能一直保持下去，或許能在大約十三個小時跑完，一點也不吃力。但是我突然遇到身體上的小毛病，這個問題可能會發生也確實發生了。不久，跑了幾公里之後，因為缺少訓練跟不習慣，我的膝蓋開始不適。我在上坡路段維持還不錯的節奏，肌肉還能承受，但是下坡路段我跑不動。路跑最後，我的速度改成一小時五公里。然後呢？我會不會因為不得不放緩速度感到挫折？一點也不會。我對自己的期待是合乎現實的，只是發生了預料中的意外。我一點也不感到挫折、痛苦、難過。只是發生會發生的事。我不覺得有什麼好難過或沮喪。

但是，如果我真的期待自己花十二小時跑完呢？那我可能會感到挫折、痛苦，很可能半途而廢。不管是這一場橫越火山超級馬拉松，還是現實人生，期待合乎現實與否，最後的差別就在持續與放棄，享受與痛苦，構築與夢碎。讓你的期待以現實為出發，而不是以你的欲望，這樣你可以省下許多痛苦和難過的力氣。

痛苦來自失望

情感上的痛苦也可能來自醒悟。我們經常無視事實，只看想要看的。但是人就是他的樣子，不會順著你的希望成為你要的模樣。人生就是它的面貌，不會是你想要的模樣。事情就是它的樣子，但是我們經常不想看它的樣貌，我們給自己一幅背離事實的扭曲畫面。

我們欺騙自己的範圍包括我們的伴侶、婚姻、工作、汽車、決定、欲望、子女和未來。我們希望想像事情順利，只要魔法棒一點問題就自動化解。我們為了追求所謂的幸福，拿人生當賭注，我們不想看到問題，用盡力氣欺騙自己，隱藏問題。當我們為現實感到不安、擔憂或悲傷，我們不去找問題的源頭，而是找其他引開注意的東西。

但是現實徘徊不去，再一次對我們露出它最真實的臉孔，不過我們又一次欺騙自己，不願意承認問題。我們押注在我們的謊言，之後我們不得不編更大的謊來圓謊。當我們替人生修飾的牆面開始崩塌，我們卻又再一次卯足全力欺騙自己，讓情況加速惡化。就這樣，我們拖拖拉拉，直到謊言完全拆穿，直到我們的舞台完全謝幕，直到我們自導自演的電影結束。走到這一步，隨之而來的是極大的痛苦和苦難。

我們為什麼要欺騙自己？

有時我們活在一齣由自己掌鏡的電影當中，而電影情節是刻意或有意的欺騙自己。當我們看到不喜歡的東西，我們可能做三件事：接受、改進或欺騙自己。接受或改進現實需要極大的意志力，以及極成熟的態度和責任感，而選擇導演一場戲欺騙自己簡單許多。因此，許多人活在謊言、故事或童話中，最後卻不是個快樂的結局。儘管我們一再拖延，所有的故事、謊言和童話終究都有結局，當結局來臨，留下的總是痛苦和苦難。

當錯誤發生或者欺騙拆穿之後，失望隨之而來，因此我們認清了真實。雖然我們認清真實能得到自由，卻同時會為曾經欺騙自己感到痛苦。認清真實會感到痛苦，但是能給你堅固的地基，蓋一棟牢固的建築，讓你感到快樂，比起活在謊言中要快樂許多。

記住，自我欺騙和活在謊言中，只能給你表面的快樂。此外，這種快樂轉瞬即逝。自我欺騙不是個有價值的選擇。

痛苦來自改變

我們覺得改變很吃力，這是因為我們一開頭的觀念就是錯誤。我們會尋找穩定，我們相信穩定能給我們安全感和快樂，但事實上人生是變化無常的。我們企圖控制無法控制的東西，我們想要阻止劇烈的改變，我們想搭蓋護欄，保護我們遠離無法控制的東西，我們會在人生道路上付出昂貴的車票：我們會失去能量，感到無依無靠和軟弱。因此，除非我們接受唯一的穩固，唯一我們能構築健康人生的地基，那就是改變，否則我們無法堅強和獲得安全感。

人生是變動的，人要感到快樂，方法是接受並準備好面對改變。人生是變動的，其實是個好消息，這意味一切都能改變，我們如果能往適當的方向前進，就連跌到不幸的谷底都有結束的時刻。

事實上，學習面對改變並不困難。在許多時候，我們以為改變是糟糕的，卻不清楚改變的結果。因此我們倉促下結論，轉過頭去不願面對，我們失去改變能帶來的正面影響的機會。

改變的類型

改變有三種類型：轉好，轉差或者不確定。當我們換掉舊車買新車，這種改變無疑地就是轉好。但我們從新房子搬到屋況糟糕的老房子，當然就是轉差。但是有許多改變的本質是不確定的，依據我們怎麼面對，結果可能有好有壞；然而，如果我們以不好的方式來面對，恐怕會讓最可怕的惡夢成真。

的確，當改變突如其來，我們的反應往往不會太好，在許多例子，我們會遭受折磨，但並不因此比較沒那麼痛苦。同樣地，我們有時會在預期可能發生改變時，就已經感到痛苦；也就是說，我們會為改變之後可能發生的事感到痛苦，儘管最後不一定會發生。

痛苦來自自己的判斷和想法

我們的心智無疑是幫助我們認真過活、得到快樂的最佳夥伴。人類能夠思考是進化的一項重要成果；但一般而言，我們思考得不夠廣也太過負面，糟蹋我們一大部分的潛力。

我不只一次聽人埋怨思考很花腦筋，卻得不到什麼結果。聽到這類斷定的話，我通常會問他們指的是思考還是擔心，因為這是兩回事。我們習慣花大把時間擔心，不斷繞著問題打轉卻沒得出確切的結果，就像跑滾輪的天竺鼠，但是這跟思考八竿子打不著。思考，或者說好的思考，是有成效的，是具結果的或是實際的。思考需要往好的方向，但是做到的人少之又少。然而，思考是簡單的，只需要練習，跟我們以為的恰恰相反。

講到往好的方向思考，就得提到我們在分析現實時，經常混淆可能性和發生的機率，因而害自己掉進痛苦的漩渦。當我們相信什麼事都可能發生，卻沒注意真正重要的是發生的機率。有個例子能完美說明這種狀況：樂透。當然，我們「可能」中樂透。然而，主導我們買樂透的，不是能不能中樂透，而是機率的高低。沒錯，機率非常低，即使買再多張彩券想增加機率，最好還是放棄做夢，因為機率還是很低。當然可能性還是存在的。你可以繼續懷抱美夢，等待可能有一天成真。但是如果你想要快樂，就別再等待奇蹟發生，腳踏實地完成你的目標吧。

你已經知道，當我們不去思考或往不好的方向思考，可能會非常痛苦。我們的判斷力經常是片面或莽撞的，我們編造片段或脫離現實的想像，也因此讓自己陷入痛苦。學習往好的方向思考，你就會感到快樂。

痛苦來自赤裸裸的真相

我們有時不免為自己的人生感到痛苦。我們努力想過著童話故事般的生活，但這不但不可能，還是荒謬的想法。我們痛失心愛的人，被診斷出罹患某種疾病，眼睜睜看子女受苦，看到某個孩子嚎啕大哭……每天，一天好幾次，我們都得面對人生最殘酷的一面。

然而，我們只要願意學習分析人生，做出適當的決定，鼓勵自己，辨識他人的情感，編織夢想或者做好衝突管理，我們就能控制痛苦的一部分。這樣一來，我們會過得更好，人生比較自在和圓滿。我們要淬鍊情感的強韌度，對抗接踵而來的每一件事，我們不能改變事情本質，但是能學著處理，把影響降到最低。古羅馬哲學家皇帝馬可・奧理略（Marcus Aurelius）曾說：「智慧是用來改變可以改變的事物，接受不能改變的，重要的是知道如何分辨兩者之間的差別。」因此，我鼓勵你認識並培養各種情感的力量。

情感力量的祕訣

培養情感的力量能保護幸福和情感的利益。每一種力量都需要一種技巧、策略或方式，幫助你達成目標，實現圓滿的生活。接下來，各位可以看到十九種增強情感力量的祕訣。

- 把情感變成你的人生調味料
- 正確解讀情感的狀態
- 替你的情感命名
- 學習分辨身邊的人的情感狀態
- 管理你的情感和表達能力
- 堅持達成目標
- 管理逆境
- 平衡你的自我評價
- 不要倚靠外在的刺激
- 看重責任感

- 採用正面的態度
- 選擇自己的路
- 尋找有品質的關係
- 提升溝通技巧
- 跟其他人合作，發展你的熱情
- 管理衝突
- 人生要有目標，決定要始終如一
- 有需要就求助
- 享受人生給你的機會

痛苦全怪想像和恐懼

我們的恐懼可能來自想像。我們想像可能永遠不會發生的災難和問題，帶給自己痛苦。我們想像可能發生在子女身上的情節，折磨自己。我們的腦袋有個小劇場，幻想上千種疾病、意外和問題。於是未來蒙上一層恐懼，我們覺得痛苦，痛得難以忍受。我們糾結在還沒發生的事，在自己認定一定會面臨的事在某種不真實的事。雖然幻想是子虛烏有，痛苦卻是真真切切。這種來自想像或假設的痛苦帶來的傷害，不亞於真正的痛苦，讓我們的身體承受壓力、焦慮跟不安。

我們得花點時間，對自己分析在想像過程加入了恐懼和欲望，產生的影響有多麼扭曲。我們要看清事實不容易，因為我們總會加點醬料調味，也就是我們希望看到的東西。我記得有一天接女兒放學，她在車上告訴我一切順利。她說，有個女同學向她表示非常高興她能轉來這所中學，希望能跟她一起玩，變成好朋友。我問女兒，她說的是已經發生的事實，還是她希望發生的情形，結果答案顯而易見：我的女兒剛剛混淆了事實跟希望。她是不自覺這麼說的，並非有意要騙我或騙自己，她只是替現實多加了醬料調味。如果我們仔細尋著脈絡，我們可以看到我的女兒剛剛轉進一間新的中學，或許她害怕交不到朋友，遭同學排擠，或孤單一個人。

此外，當我們混合了恐懼跟現實，我們就是在束縛自己。恐懼讓我們動彈不得，預測一些或許永遠不會發生的事。恐懼是糟糕的顧問，因此我們要學會辨識自己何時遭到玩弄，這是非常重要的。如果我無法克制寫書的恐懼，嘗試從未做過的新事物，比如二〇一四年那個夏天的故事，今天我可能就不會坐下來寫我的第二本書。恐懼是正常的；但不能讓它因此賴著不走。

預支痛苦

有一種痛苦來自預支，也就是我們知道會發生，但是還沒發生。我們會為了還沒發生的事痛苦掙扎。比如我們提前鉅細靡遺地想像看牙醫或預定開刀的痛苦。或者提前好幾個月想像生產的疼痛。我們提前幾個月為了罹患癌症末期的心愛的人難過。我們為了還沒讓人真正感到痛苦的事難過，因此，當真正的痛苦來臨，我們已經身心俱疲。

我們前面提過，身體能知道發生什麼事。我們的身體和心智會企圖修復察覺到的傷害。當我們感到痛苦，便會觸發修復系統，以重拾失去的平衡。但是我們得小心這可不是《狼來了》的故事。謊報太多次狼來了，到了真的發生了，已經沒有人會相信。如果我們在痛苦還沒發生前，提前啟動警覺系統，當真的需要時，會沒有工具可以面對。

情感痛苦的來源

- 逆境
- 挫折
- 失望
- 意外的改變
- 判斷與想法
- 事實
- 想像
- 恐懼
- 預先假設

一整章讀下來，或許你已經發現痛苦和逆境是人生特有的元素。在這一章，我分析了痛苦的不同來源，以及我們為了每天須要應付的事物感到痛苦。我們也看到了，有一些可以控制，有一些則不能。

我鼓勵你做個練習。我提議你可以分析你感覺到的痛苦，試著找出來源。不用等到明天。不用等到下一次。不要等到以後。你只需要拿起筆跟小本子，找個安靜的地方思考。付諸行動吧，只有你能動手做點事，沒人能幫你做。

重點筆記⋯⋯

- 我們能從妥善處理痛苦得到成長。
- 痛苦讓我們預見和避開未來可能發生的麻煩。
- 檢視你對人生的期望。
- 分析你是否欺騙自己，是如此的話，揮手告別你的善意謊言吧。
- 接受人生會不停改變，你得做好管理的準備。
- 別再杞人憂天，化擔憂為行動。
- 不要混淆可能性和發生的機率。
- 停止想像，尋找有建設性的出口。
- 不要預設還沒發生的事。

第四章　為什麼發生在我身上？

晨光照亮祖繼的臉。他睜著眼，但眼神迷惘。祖繼在看哪裡？或許在尋找一個答案吧……

對一些人來說，這個問題有時是沒有答案的。運氣會惡意玩弄我們的痛苦，但不一定有明確或真正的理由。人生就是一連串的事件和反應，有時可能是苦澀的。

二〇一五年三月二十四日，一百四十四名旅客登上從巴塞隆納飛往杜賽道夫的飛機。機上還有四名機組人員和兩名機師。早上十點零一分，飛機載著旅客和他們的夢想和從埃爾普拉特機場起飛，三十分鐘過後，飛機失去飛行高度，短短八分鐘內從雷達的螢幕上消失。搭上這班飛機的乘客，遇上人生替他們安排的悲劇性結局，所有人包括正駕駛機師在內都沒料想到，副機師蓄意駕駛飛機撞山。那是個三月底的早晨，美麗的法國阿爾卑斯山目睹了一場歐洲航空史上最慘烈的悲劇。

這次的空難造成相當大的影響。全世界都報導了這起航空事件，而遭逢最大打擊的是搭乘這架德國之翼航空9525號航班的每一個旅客的家屬。我可以想像他們的椎心之痛，以及一次又一次出現在他們腦海裡的疑問，他們想要為這場無解的悲劇找到一個答案，想要評斷無法評論的意外，試著抽絲剝繭這場莫名的悲劇：「為什麼發生在我身上？」

我們需要一個答案來減經痛苦，釐清這樣天大的不幸為什麼發生，彷彿真的能找到理由……。我們無法理解人生為什麼在短短幾分鐘內天翻地覆。我到底做什麼？所以遭逢這樣的不幸？或許什麼都沒做。只是運氣是狡猾和殘酷的，它想要一百多個人以悲劇性的方式走下人生舞台，儘管我們想破頭，儘管我們找再多的理由，還是不能找出一個能減輕我們痛苦和難過的答案。

不要怪罪自己

別想找出因果關聯，因為不一定存在。沒有什麼關聯性可以用來解釋痛苦、傷害、逆境或者不幸。有時，當我們找到一個答案，腦子就會浮現一個瘋狂的想法，認為我們是自作自受，是活該，因為某個我們不知道或想像的原因，我們該要負責。我們拚命找尋答案，甚至扭曲了過去，希望能找到關聯性，但親愛的讀者，如果現在的你正在克服逆境，你該在乎的不是過去，而是現在跟未來。

德國之翼空難是場出乎意料的意外，從不在機上任何一個乘客或他們的家屬的想像裡。然而，這場空難是可能避免的嗎？在這個例子是難以判斷的。理論上，只要駕駛定期接受詳細的心理分析，應該是可以發現異狀的；基本上，只要仔細監管應該可以過濾危險，基本上，一套好的管控過程應該能避免那場可怕的意外。但是理論不一定落實，而現實是殘酷而狡猾的。

很多時候，並沒有任何答案能撫慰遭逢不幸而飽受折磨的心，儘管如此，我們還是不放棄尋找解釋，我們須要解釋，找不到就自己編。我們的大腦不太能承受資訊空缺，尤其是當我們大受打擊的時候，我們得解釋顛覆我們人生的情況或是事件。我們會根據需要再參考事實，補足完整的資訊。就這樣，我們從自己設下的框架跟情感的狀態，勾勒出一個答案，因此，這個答案通常是片面的、殘缺的，或把責任推到某人頭上或怪罪某件事。「這是處罰。」，「這是天意。」，「這是人生的試煉。」，「都是我做錯某件事。」，「是我得罪某個殘酷的神明。」等等；這類以及其他許多的答案，在須要解釋無從解釋的人的腦海飛舞，但是問題是，你若這樣解釋乍臨的不幸，可能導致痛苦永無止境延伸下去。

人生不是表面的樣貌，而是你相信的樣貌。如果你認為都怪自己做錯，才遭受某個神明或命運懲罰，你就會下半輩子都活在痛苦深淵。首先，你會為了一個應該要處理、清潔和縫合的傷口受苦；再來，為罪惡感或毫無理由的自我懲罰受苦。

在這一章，我會試著幫助你處理，不管是針對你的遭遇的答案，或無法解釋你的痛苦的答案。跟著我，把手遞給我，但最重要的是，如果你想要處理痛苦，那麼只有睜大眼直視你的痛苦，才能重建你的人生。

有時的確有原因

有時確有原因。但是我們經常沒發現我們的行動和決定直接招致痛苦。因此，最重要的是學習下決定。我相信，你一定認識某個因為自己決定而把生活搞得一團亂的人。

我清楚記得有一天，有個人告訴我他因為開車看手機，撞毀了車子：

「我運氣真背，你看，我常常開車時看手機……但誰又能告訴我會發生這樣不公平的車禍。」

「你的意思是分心不是你的錯？」我問他。

「怎麼會是我的錯！」故事的主角回答我。「這應該是要發生在別人身上，卻偏偏發生在我身上。」

請容我懷疑這個人對於「運氣真背」的說法，我舉這個例子是想凸顯沒有來由的不幸跟「自找」的不幸之間的差別，不論我們是否發現了沒。這個故事的主角運氣一點也不背。事實上，應該要說，他在這次車禍之前運氣一直非常好。我們可以說，他每次開車看手機就像買了一張樂透彩券，最後因為不停試運氣，終於中獎。

因此，我最好的建議是，你要分析正在遭遇的逆境，是否跟你的決定或行為有關。不要懲罰自己，也不要怪罪自己，你要做的只是釐清並學習別再重蹈覆轍。思考一下你做的事，你下的決定，重新檢視你危險的行為，注意你的飲食和生活習慣；但是別忘了也要檢視你沒做的事，跟你沒下的決定，因為一樣有影響。不要以為什麼都不做就不會有意外。我們前面提過，有時發生意外、莫名其妙受罪，只是一時運氣，千萬不要認為自己活該或自找。再一次提醒，你能在這之間找到適當平衡。

檢視你做過跟沒做的決定

我們不曾把沒做的決定放在心上。我們相信等待是我們能做的最好方法，但事實上，空等非常糟糕，只是拖延無法迴避的東西，這只會讓我們逃避的決定變得更棘手。不要忘記，我們即使沒做決定，也會覺得痛苦。

不要把一切怪在自己頭上

毒型人物最愛的其中一項操控伎倆就是怪罪。如果你的生活周遭有毒型人物，你可能非常清楚，在他眼中你該為所有世界上發生的事負責。他煮焦食物是你的錯，因為你害他分心；他打破盤子也是你的錯，因為你沒好好擺在改擺的位置；他頭痛呢？當然也是你的錯，因為你的聲音讓他惱火害他嚴重偏頭痛……。我們可以列一張怪罪清單，上面寫出最可笑理由。喔，或許有一天我會收集所有你可以想像的最莫名其妙的理由，寫成一本怪罪大全。

怪罪，也能從文化角度來控制行為。你所接受的教育，非常可能讓你承擔也許不該屬於你的責任。我記得有個來找我看診的焦慮症病患。他的焦慮症不過是無法好好管理過失，他感覺自己該為發生在他身邊的一切負責。這個病人每晚都努力構思一個怎麼終結世界貧窮的計畫。白天則撿回所有在街上看到的動物，不管是不是遭到遺棄，接著把整個下午花在發動物的照片，替牠們找認養家庭或收容所。在公司，他把不論能力辦不辦得到的工作都照單全收。他的同事非常清楚要讓他有罪惡感很容易，因此捉弄他的感情，盡可能把所有工作都丟給他。但他的痛苦不僅於此。回到家，他也把一切怪在自己頭上。他的人生根本就是一本「你應該要……」的全集：你應該要燒更美味的菜餚，你應該要把屋子整理得更整潔，你應該要買更大的屋子，你應該要打扮得更好看，你應該要更討人喜歡，更……更……更……。我鼓勵你提起勇氣檢視自己是怎麼詮釋發生在你身上的事，罪惡感在你人生扮演什麼樣的角色，或許你的風格，是造成你的痛苦的部分原因。

你是哪一種風格？

美國心理學家伯納德．溫納（Bernard Weiner）發現，當我們發生事情，不管哪一種，不管是不是意外，當我們得到某樣東西，或當事情不如預期發生，我們會為此找理由或原因。這是非常重要的發現，能讓我們警覺自己是如何詮釋事實，我們的結論又是如何影響了我們，不管這些結論是不是正確。我們從溫納的理論，得以學習和改進我們分析的過程，因此，我們比較理智也快樂多了。但是讓我們回到一切的開始，也就是一個人的風格。

我們總是為發生或沒發生的事找原因。我們會根據教訓和經驗發展一套自己的理論。但是這個觀念最重要的是，我們的風格決定了我們快不快樂。

我們雖然發展一套替發生的事找理由的理論，不過這不代表理論就是正確的。我們有可能搞錯（事實上搞錯是家常便飯），每次我們搞錯，我們就會帶給自己或其他人痛苦。接下來，我將分析這種錯誤的主要原因，提供工具讓大家發展一套比較正確的理論，針對發生的事找出的緣由。

首先，我們要評估原因是內在或外在。假設我們最後的結論是原因來自外在，我們就要評估自己不需要對發生的事負責。相反地，假設我們認為是內在，我們就得評估自己是否該為發生的事負責。這種評估是直接跟責任和過失相關。有些人喜歡歸在外在原因，這樣一來可以推卸所有的責任和過失，把問題怪在第三者頭上，會讓對方感到內疚，事實上問題卻不是操之在他。如果你能適當分辨所有發生在你身上的事的原因，那麼你的人生便能擺脫罪惡感，以負責的態度過日子。想像一下，鐵達尼號沉船，是撞到冰山，是船長分心，還是僅僅是倒楣。你認為是哪一個？關鍵在於正確分辨原因，承擔該承擔的責任，不要為我們無法控制的因素，責怪自己。

再來，我們要評估自己是否能掌控正在發生的事。如果我們認定無法控制發生在自己身上的事，那麼我們就會相信應該把人生交給命運主導，尋求上蒼庇護，進而迷信。基本上，我們無法掌控所有發生的事，但能掌控的絕對比想像的還要多。因此正確的作法是，學會分辨清楚我們可能遇到的事，對於完全無法掌控的，盡力就好。在許多時候，你只要扭轉認為自己辦不到的想法，就能辦到了；比如，過著健康的生活，意味你能掌握未來的健康，但假使你認為這不是你所能控制，你就會任憑命運宰割，無視於任何能改善健康的方式。

請容我再提醒一點。小心，別誤信心想事成，什麼我一定能控制，或我一定都辦得到，因為這類想法正是數不清的挫折、問題和意外的來源。其實大多數在網路上流傳的「失誤」影片，正是認為我一定能控制、其實根本無法控制的後果。

最後，第三個要評估的是，發生在我們身上的事是否一直存在，不會隨著時間改變；依據我們怎麼看待，我們評估人生也會有所不同。當我們相信某個東西會一直存在，無法改變，我們就什麼事也做不成，只能屈服痛苦，默默忍受，但其實人生有不同階段。你或許會很快結束一個階段，打開另一個更令你熱血沸騰和合乎你的興趣的新階段，因此人生道路上恆久不變的東西不多……。再一次提醒，如果你能正確分析，辨別你所能改變跟不能改變的，你就能做出最好的決定，改善每一天和突破逆境。

重要的是，你要學會分析你對發生的事該負什麼責任，這些歸納的原因，將會像一種內心的語言，著實影響我們的思考，感覺和行為，自尊，動力，甚至是我們的健康。但是注意，原因的歸咎是主觀的，非常有可能遭到扭曲。依據我們分析的能力，咎責可能有好有壞。我們的恐懼、情結或者自尊都可能會影響最後的決定。

我們從溫納身上和他的咎責理論學到什麼？根據我們的理論是否正確，我們可能多一點或少一點快樂。按照我們怎麼歸咎，一件事可能有非常不同的意義。我鼓勵你檢視並提升你的咎責系統，因為這個系統會影響你的理解、面對和應付逆境的能力。

我們是脆弱的生物

我記得曾跟一位澳洲女士聊過，她告訴我，澳洲人的生活大多非常精采，他們相當有活力也非常快樂。她說，在澳洲死亡風險無所不在，因為那兒大量集中地球上的有毒和致命的動物。她跟我說：「致命的毒蜘蛛可能就躲在你的鞋子裡，出沒在花園或泳池邊的毒蛇可能幾秒鐘就要了你的命，到處都有鱷魚，不管是湖邊、河邊還是海邊。」接著她向我描述一個個每天必須面對的危險。「親愛的朋友，」她繼續說，「我們澳洲人跟死亡共生，我們每天都命在旦夕，這種知道自己隨時可能沒命的想法，讓我們得以快樂地活出精采的人生。」這是多麼棒的例子。在澳洲，人類的脆弱鑄造他們不同的性格，他們不輕言放棄，清楚知道自己的脆弱和人生如曇花一現，因此決定活出人生最精采的一面。

人類是脆弱的，活在一個危機四伏的環境。每天好幾次，我們都不但要面對外在的痛苦，還要飽受內在痛苦的煎熬。我們不只是脆弱，而是非常脆弱。任何一天，我們都可能遭闖紅燈的汽車撞上。任何一天，我們都可能碰到屋頂塌陷，被困在瓦礫堆中。任何一天，我們都可能動脈阻塞，陷入重度昏迷。任何一天，我們都可能嚴重摔傷，從此只能坐在輪椅上度過餘生。任何一天，我們都可能遭隕石不偏不倚砸中。任何一天，我們都可能在海邊戲水遇到鯊魚攻擊。任何一天，我們都可能遭雷擊。好吧，或許隕石砸中史無前例，但我們不能肯定也無法否定以後是不是也不會發生。

任何一天，我們都可能遇到最不幸、最出其不意的意外。然而，我們可能遇到並不重要，重要的是我們正在面對的。提到不幸或逆境時，我們必須談機率，而不是可能性，老實說，不管什麼意外，重點不在我們可能遇到，而是機率的高低。太空垃圾可能從天而降，砸傷我的頭嗎？我不否認可能。然而，以我為例，我最怕在山裡跑步遇到牛群，因為遭到牛攻擊要比被太空垃圾打到的機率高得多。

因此，如果你曾經疑惑：「為什麼會發生在我身上？」你要知道我們是脆弱的，我們活在一個危機四伏的環境，我們的行為和做與不做的決定，有時可能打開一條通向逆境的危險路徑。這種傷害我們、陷我們於逆境的霉運，有時是最可怕的。

築起高牆無法解決問題

「有些人以為想要過著安穩的日子，就要築起高牆保護自己。不要搞錯了！高牆或許能抵擋外面的傷害，但同樣也阻擋你享受四周美妙事物的機會。一旦築起高牆，你或許擋掉了失望，但可能嘗到苦澀的寂寞。一面高牆可能幫你擋掉恐懼，卻也剝奪你適應各種狀況的能力。一面高牆可能帶給你安全感，但也讓你習慣依賴它的保護，害怕高牆一旦崩塌的可能後果。我鼓勵你不要築起高牆，改以建立資料寶庫，蒐集各種幫你淬鍊情感力量的珍貴資源。」

我從第一本著作《情感的力量》擷取前面這一段文，用來解釋有時我們是怎麼運用某些方法保護自己，事實上卻帶給自己傷害，我們是怎麼披上盔甲，豎立屏障，隔絕與身邊和現實生活中的人在情感上的聯繫。因此，築起高牆永遠不會是個解決辦法，無法阻擋覬覦我們腦袋的太空垃圾。

別忘了……要謹慎，不要恐懼。

讓心智進入建設性的共鳴

我們要來看看發生的事對我們的心智有什麼影響。我們不可能直接跳過一頁，我們不可能閉上眼睛不去看發生的事而繼續生活。過去的事不只是消失而已，我們要處理並解決。不管我們願不願意，過去的事永遠都會存在。然而，我們要治療傷口，給予適當的意義，我們或許可以從發生的事學到教訓，而不是經歷之後渾身是傷。

對你來說，發生的事有什麼意義？你是怎麼經歷？怎麼解讀？你是否能提起勇氣檢視你的決定？我們有些想法看似有條有理，卻是完全偏頗，於是引起許多痛苦，因為乍看正常不錯的想法，還給了我們解答（我們想聽的答案），其實是錯的。別忘記，發生的事很重要，用什麼方式去解讀也非常重要。當我們去詮釋，並接受這種詮釋，卻可能因為想符合我們的想法，而扭曲了事實。

我們今日的模樣，來自我們給自己的解釋跟我們要自己相信的解釋。然而，我們給自己的解釋跟編織的理由，往往是在我們內心的小劇場形成。如果當時內心的氛圍是負面的呢？會是什麼結果？當我們的理由和看法是負面的，恐懼就會攫住我們，當我們專注在負面，就會錯失人生道路上的機會。當我們帶著責怪和偏見看待人生，什麼事看在眼裡都會是負面的。倘若內心的氛圍是正面的呢？要是這樣，我們的理智會感染一種樂觀，於是我們懷抱希望看待周遭的一切。買樂透彩券時，我們的內心縈繞的正面但錯誤的氛圍，我們十分相信幸運降臨的可能性，但這個想法跟現實天差地遠。

那麼，我們的心智需要什麼樣的氛圍？當我們的心智處在開放積極的氛圍，想法就會是樂觀的。那心智在積極的氛圍當中究竟會怎麼運作？當然是以樂觀的方式，這毫無疑問地是最棒的情節。別為了做事而做事，而是做有用處而且有意義的事。別為了工作而工作，去做有意義的工作。別為了跑步而跑步，而是從事對你有意義的運動。為了你身旁的人，為了你生活的這個世界，做些對你有益處的事。做任何事之前要先思考意義。或許你知道，做有意義的事能讓你更接近快樂一步。

對我們有用處的氛圍，能促使我們會去質疑發生在身上的事，而不是隨便做出決定，我們會像個好奇的孩子，用他們的態度來探索世界。這種氛圍能讓我們拉開一段距離，分析自己遭逢的意外，試圖理解發生了什麼事，並從中學得教訓。

處在有用處的氛圍，就不會受內疚或過度樂觀所影響。有用處的詮釋，就是一種恰當理智的詮釋，不受限扭曲的看法或個人偏見。我最好的建議是，你要檢視你的內心的氛圍，換成一種更好而且適合的，讓自己活得比較快樂，用比較正確的目光詮釋周遭發生的事。處在有用處的氛圍，享受人生道路上所有美麗的事物，並從你給自己的試煉和挑戰中學習。

重點筆記……

- 當我們談風險，不是指思考可能性，而是評估機率的高低。
- 你永遠不知道人生道路上有哪些風險，所以要活出精采的生活。
- 專注在享受當下，因為未來是有變數的，不在你的掌控範圍。
- 學習分析不同的危險，做出你所需要的決定。
- 生活要謹慎小心，但不必要戒慎恐懼。
- 注意自己怎麼詮釋周遭發生的事。即使找不到安撫自己的解釋也別編織一個。
- 你得清楚你真正發生的事跟內心怎麼詮釋發生的事。

第五章　面對逆境該如何反應？

他不想哭。他不能為了一件陶器作品哭泣。其實那也不過只是一塊陶土。不對。那不是隨便一塊的陶土。而是具有更多意義。但是誰能了解他？誰能了解為一塊陶土哭泣的心情？

並非所有逆境都相似

情感的痛苦，當然從逆境而來。可是對你而言逆境是什麼？對我呢？我記得我曾跟一個女性朋友聊過我要替女兒轉學，她聽到後對我說：「真是可憐哪！我還記得我中學畢業進入高中念書的驚慌。」這位善良的朋友不曾轉學，她生長在一個沒有機會適應變動的環境，也因此無法認識多一點的人，拓展她的社交圈。乍聽之下，轉學可能是件困難事，或者相反，是個新的機會。得以拓展社交圈、認識新生活，更認識自己，竭盡我們所能來適應變動，也就是說，當作成長和感覺自己變得更堅強和自信的機會。

逆境因個人而異，根據我們每個人對逆境的定義，痛苦程度從零到高都有。讓我舉個清楚直接的例子來更仔細解釋這個說法。想像一下親愛的人過世。更清楚一點，是你的另外一半。或許你的另外一半是你人生的支柱，你愛她，跟她共度了一段漫長、精采和幸福的日子。按照邏輯，她的離開應該帶給你莫大痛苦。但也可能不是如此。

讓我們想像一下你的另外一半過世前，曾經飽受病痛折磨或者失智。你曾經深愛的人遭病痛一點一滴侵蝕，不再是原來的她。你親眼目睹她受苦好幾個月甚至好幾年。而且你每天陪伴她體驗她的痛苦。可能在她過世之後，你的心頭感覺一種複雜的強烈情緒，像是情緒大調色盤上從痛苦到解脫都有。但不是你解脫而是你的另一半，因為她終於不用再飽受難以忍受的病痛的折磨。事實上，我剛剛描述的這些，都是經常碰到的心理諮商的例子，生病的伴侶有罹患阿茲海默症、帕金森氏症，或任何失智或退化病症。當你深愛的人經過長時間的病痛折磨後過世，就好比緊緊掐住你的靈魂的一隻手鬆開了，讓你能夠再一次呼吸。或許很難想像。經歷過的人就會明白我說的話。在這類例子，即使你對另一半再怎麼情深似海，死亡不會讓你那麼痛苦。

然而，也有其他特殊原因。想像一下，你的另外一半如同惡魔邪惡。想像一下，即使像置身地獄，除了繼續一起生活沒有其他選擇。想像一下，你沒有生存能力，只能完全仰賴另外一半，一個會虐待你、帶給你任何能想像的劇烈痛苦的另外一半。在這個例子，另外一半過世對你來說不會有任何痛苦，反而是擺脫痛苦。因此，從這裡可以看到逆境因人而異。對一個人來說是逆境，對另一個人來說則是不然。

但是還有其他情況。在人生某個時間點，你可能認為某個東西是逆境，過了之後卻不再這麼認為。想像一下，你在二十歲那年遭到解雇。或許那次解雇深深影響你的人生，但現在再想像一下五十歲不得不捲鋪蓋走路，這時家裡有嗷嗷待哺的孩子跟必須繳納的貸款。你可以推測，或者你曾經有過經驗吧，依照不同狀況，可能影響你把某件事是否看作逆境。事實上，二十歲的你跟五十歲的你丟工作，影響的範圍不同，而這樣的環境最後會決定你對逆境的定義。

因此，即使是處在同樣情境，痛苦的程度不一定相同。當時的環境，我們的利益，我們對痛苦感受的範圍，隨著人生階段的不同而改變。我們在不同的人生階段，著眼的利益也不一樣。我們的優先考量會改變，昨日我們認為重要的東西，今天可能無足輕重。長大成人之後，我們感覺自己比較堅強，但恐懼的東西也跟著變多。我們在人生某些階段，可能感覺比較軟弱或脆弱，害怕承受痛苦。因此，我們無法依照過去經驗來預測自己的反應，因為很有可能環境改變了，或許是不知不覺的，但是我們足以知道對於同樣一件事，疼痛的感覺不同。然而，在進一步探討我們面對逆境時的反應，我想先分享幾則思考，希望對抵抗逆境有所幫助。

我們怎麼樣受逆境影響？

為什麼對某人來說，捲鋪蓋走路代表逆境，對另一人來說卻不是？原因出在於我們的自我期許，因為期許是建立在信心之上。如果我們相信自己能得心應手面對逆境，我們將在逆境中占得有利的位置。如果相反呢？如果我們自認無能為力，我們就會一敗塗地，陷入痛苦。

因此，不要忘記你的自我期許是好的，逆境只不過是一個挑戰。不要看輕自己，也不要過度自滿。適當肯定你對抗逆境的潛力。

評量痛苦

痛苦的感受完全是主觀的反應；然而，大致上我們知道痛苦可能讓一個人得面對逆境，我們可以肯定的是，刺插進指頭不會比生產疼痛，或公眾人物過世不若親人過世那樣令人揪心，或骨折要比腳踝扭傷劇痛。要評量痛苦，我們可以從各方面來談：劇烈程度、時間長短、預測跟影響。讓我們來一一分析。

我們從判斷劇烈程度開始。按照程度高低，我們可以更加了解情況產生的影響，也就是說最為劇烈、最為痛苦，以及最為輕微和最少痛苦。你的腳背感受到的鞋子重量，跟一個孩子或大人踩到你的感覺是不一樣的。情感上的痛苦跟身體的痛苦一樣有程度高低，不是全部一樣。但是為什麼有些事比其他事，更引起我們的痛苦呢？情感上的痛苦是依據什麼有程度之分？這是因為痛苦的來源跟情感連結在一起。若是發生的事直接跟我們所愛的人有關，我們會比較痛苦；比起陌生人，我們更能感受子女的痛苦。我們對於影響我們最深的渴望和目標的東西感到痛苦；當我們越是看重某個期望，我們遭遇失敗、逆境或是意外後的痛苦越是強烈。我們對於影響我們願望和恐懼的東西越是感痛苦，我們的願望越是強烈，對於失敗越感痛苦。當牽涉情感因素，一切會變得複雜，這也定義並解釋了痛苦的強烈程度。牽涉的成分越大，痛苦越劇烈。

對於評量，其他我們該注意的是痛苦的長短。有一種痛苦，不管程度高低，會默默一直持續下去，這種痛苦的殺傷力很強。我們都有抵抗痛苦的極限，每個人的限度不同，在不同階段限度也有所變化，這是根據我們的情感狀態或環境。抗痛的能力，讓我們得以忽視較小的痛苦，根據我們的節奏一天天忍耐下去。但是矛盾的是，忍耐痛苦同時卻也開啟了長久的無聲痛苦，這種痛苦會找到各種縫隙侵入我們的生活。一點一滴地，以神祕、無聲無息的方式，無形中改變我們的生活，慢慢地增強力量，最後危害並傷害我們的生活。

有時，我們會去比較痛苦，並把痛苦做一個等級分類。你想要哪一個：是難以忍受的短痛？還是適度的長痛？這個問題很難回答。我們可以肯定的是，暫且不管痛苦的強烈度，長痛就像一種凌遲，在情感方面要付出極昂貴代價，最後嚴重影響我們生活的每一個層面。令人悲傷的是，罹患纖維肌痛或風濕病的人，知道這種慢性病會如何侵蝕他們的身體，影響他們的靈魂。

跟痛苦的長短關係密切的另外一面，能幫助我們了解痛苦對我們生活的影響：預測。痛苦的預測可能是樂觀的、悲觀的或不確定的，也就是說，健康狀況可能轉好、惡化。或者不確定會如何發展。其中最好的是樂觀的預告，這時不管痛苦多麼劇烈，你知道有一天會結束，就會暫時懷抱一種樂觀的想法，幫助你對抗病痛，找到你所需要的力量戰勝它；如果你知道痛苦有期限，你就比較能忍受可怕的後果。

相反地，如果你的病程並不樂觀，你知道還會繼續下去。因此，你得擬定一個可能的計畫，選擇補償自己。千萬不要跟許多人一樣屈服痛苦，什麼也不做。我建議你不要投降，因為你在面對痛苦，除了忍受之外，還有其他事可做。我明白並不容易，比如想像新的逆境，或連結新的方法與益處，補償你所受的痛苦，你知道你會繼續跟痛苦纏鬥，但是如果你抱持著新的看法，再一次分析狀況，你會看到即使痛苦的預測並不樂觀，你還是有辦法做點事。我鼓勵你豐富自己的人生，來補償你的痛苦，尋找新的夢想，新的活動，帶給你正面的情感。試著想像痛苦，不管是身體或情感上的，只是你的戶頭一筆待還的帳款。每一天，每一個禮拜，每一個月，在同一個時間，你的痛苦一定能從戶頭提領一定數量的好處。但是如果你也能把一點好處存進戶頭，這個戶頭就永遠不會變成赤字，每天為了補償痛苦而提領的好處不會帳面不平，或不論如何，你可以得到補償之後，重新平衡數字。

習得性無助理論

七〇年代，美國心理學家馬丁．賽里格曼（Martin Seligman）研究出一個重要的心理學概念：習得性無助，這是一種放棄繼續努力的心理現象，其參考標準來自於：「再怎麼努力也無濟於事。」這種心理現象是當痛苦的預測是負面時，產生的合理結果。當你相信自己對於遭受的痛苦束手無策，很容易就轉為預測，相信自己不論怎麼做都無法控制這種痛苦，於是你放棄奮戰，屈服於這種想法。但是我們剛剛看到了，不管是情感或身體上，即使我們無法阻擋這種折磨我們的痛苦，還是可以盡力控制對我們生活產生的影響，並在恰當時刻給予補償。

同時，我們可能遇到不確定性的痛苦。如果這正是你目前寫照，我鼓勵你，可能的話，試著擺脫這種痛苦。如果你的痛苦真的是無法確定的，就專注在每天，不要猜測未來是樂觀還是悲觀。我們不知道會發生什麼事，不要瞎猜。如果我們相信厄運會降臨，那麼我們就處在負面氛圍，最後為了可能永遠不會發生的事傷心難過。假使情況相反，我們編織一切將會轉好的幻想，這個不切實際的氣球可能隨時漲破，到時不但會覺得天塌下來，還可能替我們的人生多添加一筆痛苦。我們唯一能做的是專注現在，分析事情如何發展，盡快接受事實。

最後，我們還有一點要分析，那就是痛苦對我們人生帶來哪些影響。我們從字義上可以理解，影響意味對我們人生的不同層面帶來某種後果。影響有大有小。有些痛苦消失之後沒有太大影響，但是有些逆境會掐著你，不讓你思考、工作和休息……，甚至不讓你活下去。有時，也有逆境讓我們的人生天翻地覆，逼得我們躲在牆角哭泣，不知道該怎麼做，也不知道該往哪裡去。

「我也曾遭逢你的逆境，而我走過來了。」

有時，我們會遇到有人靠近，丟下這麼一句出自好意的忠告。或許他是個討人喜歡的人，但是他的舉動完全錯誤。因為痛苦因人而異，很難比較不同人的不同狀況。痛苦的強烈跟長短，即使有那麼一丁點不同，都足以解釋為什麼不同的人在面對相同痛苦時，出現不同反應。然而，關鍵正是逆境帶來的影響，拉開這種差別，決定痛苦以什麼方式影響我們。

我們是否懂得對付逆境？

現在我們已經稍微了解痛苦與逆境，但是當面對逆境時該如何反應？我們經常不經思考，受衝動驅使，採取不怎麼理性的方式處理，一點也不去分析逆境、環境，以及我們可能有的選擇。我們沒有注意自己的反應和面對逆境的方式，這決定了我們在對付逆境當下的成功機率，因此勢必要拿出來討論。

有些人面對逆境的反應是爆發焦慮和悲傷的情緒，讓自己置身最糟糕的時刻，搞砸剛擬定的計畫或未來。突然間，逆境就橫亙在人生道路上，撩撥我們高漲的情緒，引發無法想像的後果，麻痺我們思考和理性的能力，影響我們生活的每一個不同層面，從我們的性生活到我們的工作。當我們受到某種高漲的情緒主宰，皮質醇和腎上腺素的濃度會激增，嚴重影響我們的器官功能和思考、分析、創造和解決問題以及一長串主要的能力。當我們感覺如此猛烈的衝擊，可能會生病：當悲傷久久無法化解，可能惡化成憂鬱症；當焦躁久久無法撫平，可能變成廣泛性焦慮症（GAD）。我們須要處在最佳的狀態迎戰，因此當我們封閉自己，或受困太過強烈的情感，將無法處理和對抗逆境。

另外有些人面對逆境的反應是驚訝，彷彿心想：「耶，我根本不知道一天抽三包菸會得癌症。」；「耶，我怎麼會知道會被抓到工作不做正事，光下載影片，最後被炒魷魚。」；「老天爺，我怎麼想得到兒子會出車禍送命，他騎的還是那台我要他比賽的摩托車。」；「天哪，我從沒想過自己有一天會在攀登超過八千公尺高峰的途中發生意外。」；「真是個可怕的驚喜，我怎麼想得到我的另一半會對我迷上三項馬拉松反感。」；「老天，我這輩子唯一一次的不忠，竟然把自己害得這麼慘。」事實上，這些人以為不可能遇到這些事，所以反應就是感覺驚訝。有時我們因為無知犯錯，或者我們裝作無知吧。我們故意冒險，有時根本是不必要的風險，之後在遊戲中失手後不敢置信。我們過日子同時不曾思考自己的行為可能帶來什麼後果，我們甚至欺騙自己，但當我們回到現實，我們的反應是好像自己掉進陷阱。

也有人的反應是生氣，在難以控制的暴怒下，往往難以擦亮眼睛看清真相。我們生氣的對象也可能是自己，但是這種情況很少，因為我們往往對其他人生氣，找一個代罪羔羊把過錯全怪在他頭上。該負責的人是維修摩托車的技工、是害他緊張的信號燈、是不知道控制時間的導遊、是我喝下的那杯琴通寧調酒、是我承受的生活壓力……。

夠了吧！我沒有錯！隨便其他人怎麼看笑話！這是最舒服的辦法，但是因為兩個原因，也是最幼稚最沒效果的辦法。第一個原因是當我們怪罪其他人，等於是把責任撇得一乾二淨，於是自己不會進步，學不到教訓，也不會改進問題。雖然可以高枕無憂，卻讓我們身邊的人甚至是我們自己付出昂貴代價，因為同樣的錯誤可能會再發生。第二個原因是只要有怒氣就會有過失，只要有過失就會有處罰或折磨，不管對象是自己還是我們怪罪的其他人。這樣一來，我可以無罪，並且處罰跟折磨該為我的不幸負責的人，因為我有可以脫罪跟保護自己的理由。這是辛苦得到的！當我折磨某個人或者扮演復仇者角色時，我是不需要負起該負的責任。當怒氣和悔恨變成常態，我們的人生就會變成灰暗，我們會折磨自己與身邊的人。

有些人面對逆境心中充滿恐懼，一種冰冷、帶有敵意和殘酷的恐懼，能凍結他們的血液、生活和正確思考的能力。同樣地，兔子在車燈前或者狐狸面前也會嚇得動彈不得，牠開始胡亂奔竄，想逃離危險，面對逆境的恐懼，讓我們暴露在問題產生的影響，做出毫無理智的行為。憂慮占據我們的生活；我們在原地繞圈圈，無法做出決定，這個無法做出的「決定」，猶如稜角分明的石頭阻撓了我們面對逆境時的反應。當我們憂慮時，就會沒有足夠力氣抵抗逆境，無法找出原因和處理結果。當我們又煩又累，腦袋的運轉就無法靈光，於是一切在我們眼裡都是黑暗不明的，看不到我們擁有的可以抵抗逆境的工具，我們會覺得自己如此渺小，沒有安全感，打不贏逆境。

前面幾頁，我們曾談到習得性無助理論，這種現象是以沮喪態度面對逆境，認定自己絕對無法達到目標。我們經常需要額外的衝勁，一股能讓我們從軟弱轉為精力充沛的能量，得以臉上掛上最燦爛的微笑迎接挑戰，而這種能量來自希望和夢想。但是當我們失去希望呢？會有什麼結果？一旦失去希望，成功的機率微乎其微。如果我們相信：「再怎麼努力也無濟於事。」我們就提不起勁兒努力任何事，只是枯等奇蹟發生，當我們枯等，我們不會採取行動解決問題，鑄倒帶來痛苦的逆境。習得性無助是來自從過去經驗學習；因此，如果想要掙脫這個泥沼，你得用不同目光檢視發生在你身上的事，以及你所下的結論。

我們想到逆境，一定也會想到壓力。所有的逆境，都須要立刻專注去解決，於是產生一種我們得消除的壓力。這種壓力會刺激我們行動，少了這種壓力，大多數人可能什麼都不做。然而，有些人不知該怎麼處理這種壓力，他們感到不舒服，如坐針氈，於是決定採用下下策，也就是自我欺騙。

自我欺騙的形式有非常多種，但是沒有一種能有效抵抗逆境。自我欺騙是來自無法接受自己的負面形象，進而扭曲事實，而不是去承擔錯誤或接受自己無能為力。事實上，自我欺騙是一種輕鬆的方法，只是把臉別開，假裝接受問題，卻不去解決。當迴避面對問題，就無法評量、研究、分析然後加以抵抗。如果不去抵抗，就等於把解決問題的擔子交給運氣，或丟給身邊某個好心人。

自我欺騙

自我欺騙是每天必定上演好幾次的戲碼，我們以為這是個好伎倆，其實錯得一塌糊塗。我們欺騙自己，可能為了芝麻綠豆大的小事（比如喝不適合自己的咖啡，或心想遲到十分鐘不要緊），也可能為重要的事（像是我相信另一半是愛我的，或我不可能找到比目前還要好的工作）。

自我欺騙是一種慣用伎倆，但是這並不代表效果很好，因為毒性成分超標，會阻撓行動，使一種情況停滯不前。自我欺騙有幾種不同類型：

- 「我沒辦法了。」這是自我欺騙招數當中最方便的一種。什麼也不做，把責任撇得一乾二淨，然後安心地睡了。這是自我欺騙當中最不成熟的一招：「我盡力了，沒其他辦法了。」
- 「有人比我差勁。」對我來說，這是最爛的一招。尤其是因為說話的人試圖轉移焦點。這是非常笨，笨得徹底的招數。沒錯，的確有人比你差勁，但是也有人比你棒。或許當你放棄自我欺騙，把注意力放在那些比你強的人，從他們身上學習，你會進步，變得成熟，然後解決你的問題。你用這一招替自己辯解為什麼沒有任何行動，而且你刻意批評某些人，挑人比較，來凸顯自己占優勢。
- 「不管做什麼，都於事無補。」或許你曾做過某些事解決問題，但是可能不是最恰當的解決方式，或者當時結果不是太好；如果你根據這個經驗，認為自己已經盡力，但並沒有成功，會得出這個結果，一種來自「不管做什麼，都於事無補。」的想法。然而，很有可能你太過倉促下結論。我鼓勵你重新檢視，因為有很多情況是還能再多努力一下。
- 「時間會解決一切。」如果只是靜待時間流逝，什麼奇蹟也不會發生。你只是把你的未來交給命運之神。最好還是奪回掌控權吧，當你空等時，是什麼事也不肯做的。

面對逆境的反應有千百萬種，正如同世界上也有千百萬人。也許你在剛剛的敘述看到自己。甚至你可能對不同問題有不同反應。雖然我提出的是比較常見的例子，但重要的是，你一定要分析自己在面對逆境時的反應，因為這樣一來你可以預估該怎麼應付比較好。

我想跟你分享華生（John Broadus Watson）對於面對逆境的策略的研究。在他的調查中，華生挑出幾個主要因素，分析在應付逆境時，這些因素如何影響或決定我們的成功。在他看來，共有四個因素，能預知我們在克服逆境是成功還是失敗。第一個因素是我們如何詮釋逆境，也就是對於正在發生的事。第二個因素是對於駕馭逆境的概念，換句話說，在應付逆境時，只要相信自己能有所行動或者認定自己束手無策。第三個因素是我們對逆境的發展的評價。最後，第四個因素是分析我們的情感，比如面對問題時的情感強度。

根據這幾條規則，華生提出面對逆境時的五種反應類型。我建議你可以在我解釋不同的策略時，分析你自己，認清自己屬於哪一型。

第一類型是戰鬥精神。這種人努力對抗逆境，把逆境視作挑戰，唯一的選擇是相信自己，起而對抗。此外，他們對正在經歷的狀況有絕高控制力，他們對問題的進展保持樂觀的態度，扮演積極解決問題或克服逆境的角色。這毫無疑問是對抗的最佳類型，能提高我們成功克服機率，讓我們處在上風位置，戰勝折磨我們的逆境。

第二類型是迴避或拒絕逆境。這樣類型的人一點也不把逆境的威脅看在眼裡，他們以天真的目光看待逆境和真相，他們傾向簡化問題跟降低問題帶來的影響，他們不衝動行事，也就是說是慢性子。

華生清楚描述，第三種對抗逆境的類型是宿命論。宿命論者把逆境看作適度的威脅，但是他認為自己沒有一絲駕馭的機會，不管是逆境，還是原因或結果。因此，他們採取一種認命的態度，處於最為被動的狀態。他們相信自己無能為力，他們決定盡量不插手解決問題。

第四種類型是無助和失望，把逆境視作可怕的威脅，根本沒有一丁點機會控制。在這樣想法下，我們對於逆境的發展的態度是消極的，因此我們盡可能不想解決辦法，最後意志消沉。

最後是焦慮，這種類型的特色是把逆境視作極大威脅；或者這種極大威脅包括一切在內。這種類型的人過著提心吊膽的生活，不斷尋找迫切需要的安全感。

此刻，你已經認識多種對抗逆境的類型，知道自己是哪一種嗎？你在面對逆境時會有什麼樣的反應？是不是在某些類型看到似曾相識的身影？

可以學習如何應付逆境嗎？

當然可以。事實上，這是情感的力量的一種，非常容易學習，但問題在於並沒有列入學校課程。我們只專注在教導子女要懂得與人競爭，要堅強，但是我們沒發覺他們真正需要的是學習生活，聆聽自己的聲音以及認識自己。若是別教導子女與人競爭，而是與人連結呢？若不要告訴你的學生其他人是競爭對手，而當他們是同伴呢？若教導子女帶著好奇與憐憫直視眼前的人呢？若教導子女不要對逆境視而不見，而是給他們資源，讓他們得以面對逆境，並駕馭它呢？

把逆境當作必須解決的挑戰，你將會看到內心如何燃起戰鬥之魂，讓你得以征服它，重組你的人生，變成一個堅強的人。當你遭遇人生重大打擊，檢視這個打擊對身體、心理、感情和人際層面的傷害，然後抖落身上的灰塵，帶著更成熟的智慧和精鍊的技術，再一次迎向挑戰。

重點筆記……

- 你對自己的期望決定你對逆境的評估。
- 情感上的痛苦可能依據強弱程度、時間長短、預估和衝動而有所不同。不同的人遭遇同樣的逆境會有不同的痛苦程度，即使是同一個人在不同時期遭遇同樣的逆境，痛苦也會有所不同。
- 當你感覺痛苦，千萬不要認定無法透過行動改善。
- 我們對抗和應付逆境的方式，將決定我們成功的機率。
- 化擔心為行動。
- 重新檢視逆境，從中學習教訓。

第六章　人生，能不能修繕？

祖繼可以修繕他的作品，也可能辦不到。當靈魂已經撕碎，還值得再遭受一次痛苦嗎？或者最好把碎片收進箱子，別再看呢？祖繼是以痛苦的角度來思考的。痛苦往往不是好隊友。他再一次閉上眼睛，想仔細看清楚。

夏季的某一天，天氣熱得似乎烤乾地面。我決定到河邊去泡水清涼，享受一下戲水時光。從加泰隆尼亞庇里牛斯山區的利亞沃爾西市到索爾特市一帶，密集分布了好幾條湍急河流，夏天時光，引來許多人到這裡進行橡皮艇泛舟、獨木舟泛舟，和乘坐水力快艇，或只是套上泳圈順著河流往下漂流；對！就只是套上泳圈！好吧，那一次我在往下漂流的半途上，遇到一對套上大型泳圈的夫妻，他們的泳圈就像卡車的輪胎那般大，而他們似乎遇到問題。他們困在一處拐彎處的逆流，從岸邊無法接近他們。看到他們驚恐的表情，以及判斷他們脫離逆流的話能抓到一棵倒下的樹，我開始展開救援行動。

我靠近他們受困的位置，確定他們被一根沉沒的樹枝卡住。我從獨木舟下水，解救他們，但突然間，我看見河水染成紅色，那是我的鮮血……。冰冷的河水掩去疼痛感，我不知道自己在跳下獨木舟時，被一顆岩石割傷小腿內側。我冷靜地檢查傷口；那是個很深的傷口，大約二十公分長。真是倒楣！我還得往下繼續漂流一個小時，然後返回利亞沃爾西市去找我的車。我想繼續順流而下到特林普的醫院，當你生活、工作和享受山林時光時，意外也會跟著配合作息出現。泛舟結束後，我終於抵達睡覺的車隊紮營處，這時我發現傷口已經開始結痂。發炎情況已經消退，血止住了，疼痛感褪去。

我們已經說過，是「自我修復機制」讓我們的身體面對傷口時自行修復。我們的生理機能為了生存處在全面備戰狀態，因此能忍受傷口出現。這不是指我們人類是完全脆弱的，也不是要我們怕受傷而留在家裡，更不是要我們追求安穩輕鬆的生活。而是要我們比人生強悍，能夠修復傷口，具備能力修繕摔碎的東西，並重建人生。

自我修復機制

人受傷時，身體會啟動修復過程，產生一連串複雜的生物化學反應，對傷口進行消毒、修補和結痂。人類的身體會感覺傷口有一股力量，觸發一套複雜的警報和修復系統，動員我們所有的求生本能。我們的身體可以處理嚴重的傷口和心理創傷，可以修復灼傷的皮膚，產生細胞，接合斷掉的骨頭，重建受傷的部位，甚至補足失去的腦部功能。以我為例，我的傷口約莫兩週復原，留下一個傷疤，提醒我即使是最糟糕的傷口都可能自行修復。因此，自我修復機制是我們與生俱來的本領，存在我們的身體，是不可缺少的生存工具。

然而，這種自我修復機制不只存在身體，我們的心智能感受也具備修復感情創傷的力量。就是這麼簡單。對於這一章的問題：人生，能不能修繕？我們已經有了答案。沒錯，當然能。而且我們已經準備好接納這種力量。

痛苦的矛盾點

跟身體的修復不同的是，有時我們不讓心智進行修復，甚至干擾，最後我們陷在痛苦的泥沼中。這就好比我們就是喜歡自虐。為什麼我們願意清潔並消毒傷口，治癒傷口，但卻不願意也這麼對待感情的創傷？而是不讓傷口消毒和癒合呢？

為什麼我們不想治癒感情創傷呢？為什麼我們不聽甚至忽視我們的靈魂哀聲求救？為什麼我們要阻撓傷口進行修復？並沒有一個簡單的答案。在某些情況，我們摒棄情感的力量和應付逆境的本領。在其他情況，原因是我們瀕臨爆發邊緣，因為昏頭而無法應用本領。有時我們迷失在一廂情願的想法，欺騙自己，忽視感覺到的痛苦。還有一些時候是因為文化的影響，我們腦子裡認定人來到世上注定會受苦，因此我們只能接受考驗，此外別無他法。

沉睡的巨人

請容我再以身體能自我修復傷口為例，來強調一個非常重要的新觀念。一般而言，我們的身體不會發出清楚信號告知能不能修復。它的力量是低調的。身體的狀態是平靜的，因為它知道自己擁有一座運作中的修復工廠。但與此同時，它專注在求生上，完全忽視傷口帶來的恐懼。

我們的身體是處在就緒狀態，能夠處理傷口或是骨折，但只有在我們需要時發揮功用，只在有傷口時才會甦醒過來。同樣地，我們的心智具備所有修復情感創傷的本領，但如同我們的身體，不會經常提醒我們它處在備戰狀態。然而，跟身體的疼痛不同，我們並沒有把握自己能治癒感情創傷。

別忘記，你具備一切修補傷口的能力，只是你只在需要的時候運用。我知道你或許感到恐懼，甚至不認為自己能克服創傷，但你不該擔心。把你的能量跟力氣保留到需要的時刻吧。如果你被一片恐懼淹沒，你可能不斷假設：「如果……」，而你的每個「如果……」會削弱你的軀體、靈魂，讓你變得不堪一擊。

想想看，我們的身體在每一次面對危險可能出現時，都會觸發警報，派出抗體攻擊入侵的敵人。當然，接下來我們會生病。事實上，自體免疫疾病是人體面對並不存在的入侵者時，自己的免疫系統攻擊身體正常細胞的疾病。或許你會猜測這種過度反應是機能失調，對健康造成重大影響。同樣地，當認知跟情感在面對想像或害怕發生的危險時過度反應，會對我們日常生活造成功能失調，比如無法專注、記憶問題、些微的悲傷、焦躁和恐懼，還有一長串可能引發的嚴重不適的症狀。每一次假警報，每一次不必要的痛苦，每一次勞心費力想保護自己遠離想像的危險，就會耗掉我們的能量，難以修復。

重建人生的過程

重建你的人生是個包含不同階段的複雜過程。當你突然遭受打擊，心碎成千百片，正是難以看清楚事物的時候。面對感情創傷，首先感情會變得脆弱，蒙蔽你的理智和感覺。你無法清楚思考，痛苦占據你的生活和你整個人，擴及到你的過去和未來。你的專注力變得殘缺，偏向其他地方。你往前看，看向未來，只看到寂寞、恐懼和悲傷。你往後看，怎麼也看不透。在這樣的失望沮喪，你忘記看向兩旁，尋找可以信任的人，可以幫助你的人。總會有那麼一個人在，只是你看不到。有時是朋友，是另一半或是某個家人，但也可能是心理醫生。

當我們不小心割傷自己，淺淺的傷口並不需要看醫生；同樣地只是個小小的意外，也不必求助心理醫生。然而，如果看似無礙的傷口惡化，或者其實就是個嚴重的傷口，千要不要猶疑，快去求助專業醫生接受治療，把痛苦降到最低，控制可能併發的風險。同樣地，如果你的感情創傷惡化，超出你的控制的範圍，或者不如你預期中恢復，一定要去求助有能力的心理醫生，因為他能幫助你重拾所需要的觀點，重建你的人生。

的確，有些人可能只要了解某些基本的心理處理過程，就能獲得需要的觀點。因此，在這本書以及上一本《情感的力量》，我都堅持要提及診療心理學來幫助你。

但是我們先回到剛才的話題，那就是分析我們的感情傷口。起先，我們不會注意發生什麼事，我們只感覺到強烈的情感混雜在一起。痛苦跟怒氣，悲傷跟挫折，悔恨跟沮喪混在一起。我們的思考彷彿不停打轉，無法集中專注力，迷失在白日夢之間。慢慢地，脆弱的情感在幾天內慢慢消退，亮光照射進來，讓我們逐漸看清楚發生的經過。我們的視線是模糊的，就像剛睡醒時候。當我們睜開眼睛，我們必須再閉起來。接著慢慢地會再看得更清楚一點。模糊的影子變成清楚的輪廓。糊成一團的東西變得清晰，我們看到了事發時不想看到或看不到的真相。

在這個階段，我們一點一滴重新整理發生的事情和我們的感覺。我們整理事件，拼湊真相，並開始下一些決定。然而，有些人面對猜想的痛苦時，並不想看清真相，而是閉上眼睛，拒絕癒合的可能。沉溺在痛苦泥沼。我們的腦袋上演受害的劇情，我們生氣或無法理解，在刺激下產生怒氣，最後怒氣引爆重大的後遺症。

最後，如果我們不要選擇閉上眼睛，活在自己的想像世界，有一天，最重要也就是結痂的階段會在不知不覺中開始。我們的傷口就是在這個階段癒合。於是人生改變了，不再跟以前一樣，而且可能變得更美好。接受改變吧。你接受的或許不是你喜歡的東西，但是一定要接受，傷口才會開始結痂。

逆境只不過是一種挑戰

你重生了。每天我們都會重生一次。我們上床睡覺時，並不知道明天是否會醒來，因此每個明天都可以說是一次重生，一個新的機會。每個明天，每個禮拜，每個月，每個季節，每一年，都是個重新開始的美好機會，我們得以重建人生，把逆境當做挑戰。

挑戰是刺激的，是具有挑戰性的，會驅使你展現最好的那一面，當問題和逆境是負面的，會阻撓、限制我們展露創造力和潛力。把逆境化為挑戰，你將會發揮迅速有效率的修復能力。

摔碎不會有事，因為不論在任何時刻，你都能自行修復。而且你應該要自行修繕。經過修繕，你將比過去堅強；而且你會發現這種改變，因而更有安全感，處於優勢來對抗新的挑戰。然而，修繕自己還不夠，你也得從發生的事學習教訓，結束一個階段，美化你的傷疤。知道為什麼嗎？因為你的視線總會飄到傷口上，那是我們最脆弱的一點，是鎖鏈曾經斷裂的扣環。

我們的重建過程是個謎團。我向你提議的辦法，以及在本書第二部分詳細的分析，是從重新拼湊我們的靈魂碎片開始，然後繼續細細分析狀況，最後從中學習教訓。接著，我們要凝聚情感的力量，因為這是修繕碎片的必要工具，最後但重要性不減的是美化我們的傷疤，不再帶著惆悵或痛苦看著它，而是要帶著歡欣之情，知道這是堅強的證據。我們要用金漆覆蓋傷疤，當我們注視時，會發現克服逆境之後，我們已經成長，蛻變得更加美麗，而且比過去堅強。

這時勢必要重新看待這個傷口，只要透過心理檢視就可達到。非常重要的一點是，在這個過程，你得知道事發經過很可能隨時再次浮上你的腦海。做好心理準備。你受到折磨的回憶有時會不經意地，偷偷溜進你生活，傷害你。當我們回憶過去，往往會扭曲記憶，這時受害者情結跟自憐心態便趁虛而入。

我們不能採取被動態度，眼睜睜看著負面情緒主宰我們的人生和消磨我們的精神，把我們推下黑暗冰冷的深井。我們可以也必須認識自己，了解發生經過，才能專注處理我們的負面情緒。你目前的處境跟你曾經的經歷和受過的苦難固然重要，但是你在哪裡以及想往哪裡去也同樣重要。總是會有個目的地，總是會有個選擇，總是可能有更多機會，可是在抵達全新的目的地之前，你須要先進行修繕。

我知道你會有恐懼，我也知道你認為熟悉的一切雖然不好，但總比好的但全然陌生要來得好，我知道你相信自己沒能力修繕人生，但是我也知道你是從痛苦的角度來看，所以是錯誤的。我知道你是錯的，你能再奪回屬於你的那份幸福。還等什麼？快點行動！

重點筆記……

- 活著就要知道可能受傷，但是不要慌張，我們的身體已經預見，也最好準備治癒身體的傷口和感情上的創傷。
- 要戰勝人生，要能修復摔碎的東西。
- 不要沉浸在痛苦當中，讓你的內心進行修復吧。不要讓不合宜的信念和模式阻擋修繕。

第二部

金繕，修繕人生的藝術

你可以下定決心自我修繕，
找回曾經的自己或者未來的你，
不需要什麼特別的理由，
或者為了你要能享受的美好人生，
因為你得讓自己幸福，
讓那些傷害你的人捶胸頓足。

第七章　金繕，修繕人生的藝術

「我想要修繕茶碗！」祖繼帶著平靜、勇敢和堅定的眼神，對長次郎說。「抱歉，拖了這麼久才下定決心。」他繼續說。

「親愛的祖繼，無須為了不必要的感覺道歉。」

你須要奪回你對人生、情感、感覺、行動，甚至是對自己的掌控權，有了這些基本條件，你就能重拾對自己的信心，相信你擁有的機會。該是時刻了，重新學習活出不一樣人生、走路和呼吸。你得重建自己。有時你得獨立去做，有時你會受到他人幫忙，但不管如何，千萬記住卸下過往的包袱，享受這次的經驗和感覺，積極去完成。如果你不去修繕人生，你的生活、你的衡量標準，你的世界的中心，將只是危機、逆境或意外來襲後的殘破面貌，不知不覺，主宰你大部分的選擇、記憶、恐懼和欲望。

人生不可能自行完成修繕。不要枯等，以為奇蹟會按照希望降臨，因為光只是希望，還不足以修繕人生。要有行動才能獲得美好人生，克服逆境，拼湊碎片，修繕你的人生。你是否準備好付諸行動？準備好修繕自己？

不要等到摔落谷底

我們往往等到摔落谷底，才願意正視我們不得不扭轉命運，努力追求新人生。改變不容易，為自己的處境負責也不容易。

人類許多偉大的成就，都是來自曾經摔落谷底的人的貢獻，他們因為再也無法忍受，他們因為處在痛苦的最深處，除了再抬起頭別無他法，他們唯一的選擇只有拼湊碎片，修繕人生。但是不要等到掉落谷底才使出你的所有工具。不要等到瀕臨爆發點，才找到修繕人生所需要的能量。你可能早握有改變人生的能量，何必為你可以改變的事吃苦受難，你分明可以活出不同的人生。別視而不見內心的信號，用雜聲、轉移焦點或其他行動來湮滅。停下來，傾聽你的身體和靈魂要告訴你什麼，因為有些人一旦觸底，是爬不出那座深谷。

不要耽溺在痛苦的泥沼

掉進河裡不會有事，但是不爬出來可能淹死。同樣地，面對逆境、不幸或問題不會有事，但是沉溺其中無法自拔可能會出問題。我們需要時間接受不幸，一段得以思考的時間。有時我們的反應較慢，甚至太慢。面對不幸時，正常的情況是我們會卡在一開始的震驚當中，嚇得手足無措。但是在這短暫時間過去之後，我們勢必得開始修繕我們的人生。

跟你分享一個清楚說明這種狀況的例子。當時是七月半，我們跟著好幾個家庭一起到庇里牛斯山踏青。路程不遠，我們很快地就抵達目的地，那兒有個漂亮的湖泊，四周為地形崎嶇的山巒。我們花了兩個小時健行，最後肚子餓了，因此我們先找個地方坐下來，搭蓋營地，並休息恢復體力。我們找了個視野極佳的瞭望台，從那兒可以監控孩子到湖邊或是返回營地，一切就緒之後，我們開始安撫五臟廟。吃點馬鈴薯蛋餅，嚐點橄欖，分點乳酪塊……。露天野餐的感覺真是美妙極了！大自然是我最喜愛的餐廳，提供我們最佳的位置，讓我們能在任何地方坐下來吃吃喝喝，享受美景。我們一邊享用食物，一邊熱烈地談天說地，但是有個人例外。他是其中一對父母的一個，他不斷抱怨。原來，他坐在一個螞蟻窩旁邊，不時遭螞蟻叮咬，十分不舒服。

「怎麼了？」他的太太問他。

「沒事，只是被螞蟻咬了。」

「換個位置吧。」另一名同遊的夥伴建議。

「沒差，我現在懶得站起來。」

接下來，他每隔一會兒就抱怨。

「他怎麼了？」剛剛加入我們野餐行列的另一個女性朋友問。「怎麼滿嘴抱怨？」

「因為他坐在螞蟻窩上面。」那個人的太太回答。

「為什麼不換位置？」她建議。

「因為他還沒被咬夠。」

重點就在這裡！我親愛的朋友認為換位置比被螞蟻咬還不舒服。同樣地，許多人連一根手指都不想動，要如何修繕他們的人生。除非等到忍無可忍。然而，有時當痛苦太過劇烈，我們反而已經處在最糟的狀況，無力去改變，我們累了、倦了、失去了期盼。不要等到人生最痛的時刻！改變雖然不舒服，卻遠比任憑痛苦支配還要好。

行動吧！不要放棄演員的角色，變成一名觀眾。此外，你可是你的人生劇場的主角！行動吧！踏出第一步，開始修繕你的人生。推掉那些想要限制你的人生的劇本！不要靠劇本過活。應該是寫下自己的劇本，執導你自己的電影，開始動手吧！不要活在黑白的荒謬劇裡，開始活出你全彩的電影⋯⋯。踏出第一步，下定決心修繕你的人生。你已經受夠了。

換個方式思考

我們甚少花時間思考，而且總是往壞的方向，因此在第二部分，我決定分享一些如何往好的方向思考的祕訣。我們總是匆促下決定，得到錯誤結果，再試著去修正錯誤。

我提議你換個方式思考，而祕訣就是簡單思考。要把事情簡單化需要花費一番力氣，因此並不容易。把事實簡單化可不是稀鬆平常；相反地，這是某種非常重要的東西，因為須要改變態度，才能幫我們獲得快樂和豐富情感。

怎麼樣算是簡單方式？就是不要在現有的東西上再加上其實多餘的東西。被螞蟻咬怎麼辦？就換位置吧。不喜歡工作的場所怎麼辦？那麼想辦法豐富工作的內容，或者換工作吧。不舒服怎麼辦？去看醫生。要訣在於控制思考，這樣一來我們不會糾結在同樣的事或成天提心吊膽，而是採取行動。這是一個化不動為行動的過程，離開舒適區，往前邁開一步，別再黯然神傷，也不要預測未來，而是要專注在真正可能發生在我們身上的事。

第八章　拾起碎片

祖繼小心翼翼，撿起六塊碎片；但是他猛然發覺地上還有一塊碎片。那是個非常細小的碎片，差點兒就沒注意到，因為外頭正下著滂沱大雨，從長次郎的工作坊的窗戶照射進來的光線，昏昏暗暗。

我喜歡爬山，也經常爬山，爬過的高山非常多。每當我爬山時，往往驚嘆生命以及大自然的生存力。我經常在荒地，在垂直的岩壁不起眼的轉角處，看見開花的植物。生命正在那兒展露它最強韌的適應力，這種大自然跟生命的力量，就是幫助我們的力量。不要忘記，我們能夠在最糟糕的處境，綻放生命力甚至成長，但是若不行動，只是紙上談兵。

你知道我們該踏出的第一步是什麼？是拾起我們摔破的碎片。我們經常忽視碎片，藏起來，或收在記憶匣裡，或直接遺忘。但是這樣的態度無法解決問題，無法幫你重建自己，只是害你繼續擱淺在痛苦的泥沼裡，自我欺騙或忘記發生過的事，這是錯誤的方法。因此，我鼓勵你拾起碎片，從遺忘的記憶裡挖出來，不要放在不愉快的回憶匣，而是放在桌上。我們行動吧！讓我們一起來做吧。

清楚生存的理由

想要著手修繕，你需要方法跟理由。我們在本書第三部分舉不同案例來詳細解釋方法。但是能在這裡談的理由不多，因為你得靠自己找到。我可以給你一些理由、建議，甚至跟你解釋一些常見的理由；但是只有你能找到自己的理由。

你可以為自己，為另一半，或為子女拾起碎片。你可以下定決心自我修繕，找回曾經的自己或者未來的你，不需要什麼特別的理由，或者為了你要能享受的美好人生，因為你得讓自己幸福，讓那些傷害你的人捶胸頓足。就算找到理由又怎麼樣呢！最終，我唯一認為重要的是，你要找到動力，找到能讓你開始修復過程的力量。我可以繼續跟你嘮叨有哪些理由，但是你若不剖析內心尋找它，一點也沒有用。讓我們一個個來看吧。

為什麼你會每天早上起床？讓你離開被窩的動力是什麼？在日本，有一種專門描述人生價值的名詞，稱作「生存的理由」（ikigai）。我們可能不知道每個人都有一個生存的理由。事實上，找到生存的理由，能給你自我實現的極大滿足感，因為當你專注在你的生存理由，你的人生將會變得有意義。我們的生活經常充滿表面的事物，例如別人對我們的評語、讓我們功成名就但是不喜歡的工作、別的地方聽來的八卦、別人的綠豆大小事，乍看似乎有其意義，但這種充滿浮沫的人生最終會崩塌瓦解，一旦如此，通常代表危機風暴來襲。對某些人來說，這樣的危機通常發生在成年，但這是一個機會，讓人能找到他的生存理由和人生的意義。

然而，當你吃苦受難，絕不會是找到你人生意義的最佳時機，因為在缺乏時，做什麼事都顯得困難。你曾經飢腸轆轆時上超市？這就像當你在遭逢危機當下，想找到人生的意義。如果你處於混亂或激動狀態，理智往往被蒙蔽，你的反應會是衝動的，你期待什麼？你正處於水深火熱啊！你正為某些對你沒用的價值或原則受苦，所以你該做的是盡早結束這一次的痛苦，這樣一來任何事都會轉好。

當我們選在遭逢危機時尋找人生的意義，就會被第一個出現在我們面前的選擇或建議迷惑，有些狡猾的人為了他們的利益，當我們是待宰割的俎上肉，讓我們成為迷思、偽科學、取代理論的受害者。當我們飢腸轆轆時，什麼都是可口的，當我們正在受苦，任何選擇都是有價值的。我的建議是，不要等到危機出現，才去尋找人生的意義，你真正想要的意義，不會是你的父母或同伴想要的意義，也不是那些難以實現的完美典範。當你找到你的生存理由，你會知道正是這個理由讓你有所價值，讓你有了此刻的人生。當你的人生有了意義，一個屬於你的意義，你會感到快樂，但是首先你要讓自己平靜下來，才能在內心找到這種意義。

你發現了嗎？我們的四周圍繞雜音。因此我們無法忍受無聲。我們連在深山裡慢跑都要聽音樂，雖然我們會因此錯過森林獻給我們的美妙旋律。我們跟雜音相處愉快，逃避無聲，沒發現我們無法與自己建立連結，與內心的自己連結，因此無法正視我們的夢想和希望，如果我們沒法安靜自處，也不會知道本身的需求。但是我們怕無聲。渴望雜聲，不願意傾聽自己的聲音。我們相信雜音可以掩蓋一切，但是並非如此。我們工作時與內心切割，愛人時與內心切割，用餐時也與內心切割……，我們總是與雜聲相伴，逃離美麗的無聲，而這才是我們極度需要，好讓自己能平靜繼續人生道路的東西。

你跟自己有過什麼對話嗎？你是否忽視自己？為什麼沒話說？或許享受安靜的最上策是聆聽內心給你的訊息。我邀請你進入森林，聆聽那兒的無聲和你的無聲。跟它連結，然後跟你自己連結。聽聽自己的聲音。不要再對自己視而不見。

雜聲會用許多方式出現。有時是需要認同。有時是虛榮，有時是膨脹的自我，有時是自戀的敵意。我們逃離悲傷，卻不知道這是一種活著和進步所需的情緒。悲傷是內心安靜時的一盞聚光燈。真可怕！還是有雜聲比較好……。就讓自己悲傷吧！然後傾聽自己的聲音。但這可不是指消沉。你要聰明詮釋你聽到的，並開始做決定。悲傷能幫助你找到你所需要的價值。你的靈魂會一直乞求你的正視。

你的生存理由，就是你為什麼要拾起你人生和靈魂千百塊碎片的理由，用聰明和快樂一些的方式，開始修繕碎片吧。你很痛苦。你的靈魂被撕碎了，可能現在的你沮喪又悲傷。或許你飽受痛苦折磨，但是只要有把握未來將會更好，你就有足夠的力氣重建自己，有足夠的動機驅使自己撿起你的靈魂的碎片，往前踏出你需要的那一步，修繕你的人生。你已經有生存理由了。

尋找你的生存理由

我提議你做個練習。我們假設你已經至少有一種生存理由，一個拾起碎片的動力，一股驅使你行動的意義。這真是美妙！但是我鼓勵你蒐集多一點生存理由，分析還可以找到哪一些。分析你的遭遇，因為你很有可能從曾經或正在經歷的逆境學到一點東西。分析你目前的人生的意義，評估是不是要重新定義。有時，我們的目標雖然不錯，卻在做決定時出錯，我們以為我們的人生繫在子女、伴侶、工作、父母身上，或是一長串可能的對象身上；但事實上，你絕對不能把人生所有的責任聚焦在唯一的意義，或唯一的動機上。

我有很多生存理由！每天早晨，我都是因為能起床而起床。我在這條人生道路上曾經失去朋友，我相信自己很幸運，能繼續過著精采的人生。我為自己起床，為所有我想做的事跳下床鋪。我為了我的妻子女兒和客戶起床，然後去散步、騎自行車或者在山裡滑雪，為了一睹岩羚羊、旱獺或野狼，為了替社會盡一份力，為了讓心理學不再只是課堂上的東西，為了學習和教導，為了旅行，為了微笑和享受一個吻以及擁抱。每天早晨起床，我是為了給女兒一個「溫暖的擁抱」，躺在草皮上什麼也不做，感受陽光灑在身上，淋濕雨水，以及享受一本美好的讀物。我可以寫滿一頁又一頁的生存理由，其中有一些比較有意義，有些比較偉大，其中有許多比較世俗，但是都能賦予我的人生意義，要是有一天失效，我會再找其他的生存理由。

你知道怎麼開始這個練習了吧？問問自己你正在做的事有什麼意義，你住哪裡，你的工作，你的生活，和你的假期。我鼓勵你從頭到尾重新檢視一次。你人生的每個層面，你要問自己對你而言有什麼意義，能不能讓你快樂。

或許你不相信我接下來要跟你說的，但實不相瞞，我經常測試自己，問自己要做的事有什麼意義。喝一杯咖啡有什麼意義？是因為習慣？喝下咖啡後，會發生什麼事？開車時看手機有什麼意義？參加某場特定的座談會有什麼意義？生氣有什麼意義？寫書有什麼意義？每天，一天好幾次，我會問自己將要去做的事有什麼意義。

有必要重拾碎片嗎？

我們可以假設逆境已經過去，不幸的遭遇已經結束，時間會幫助我們讓一切恢復原位，但很遺憾的，我必須要告訴你這樣的假設沒用也無法接受。不幸遭遇的結束，一點都不代表問題得到解決。生病康復，並不是問題結束。找工作結束，並不代表問題結束。不幸的遭遇、痛苦和逆境會在你的靈魂烙印傷疤，需要借助你的意志和行動，才能治癒，如果你不願意撿起碎片，等於是等運氣來治療你，這非常困難，就好比讓大猩猩治療你骨折的腿：或許你可以自己拉直腿甚至上夾板固定，但一定要小心翼翼。關鍵就在差不多。你還好嗎？差不多……但是差不多是好還是不好？最佳的修復過程須要好好地、專注去做，不能用差不多的心態。

逆境過去之後，它產生的影響可能會持續一段時間，你或者身邊的人要接受這一點。或許你遭到家暴，成功逃離飽受父母虐待的家，但是你若不去處理這個創傷，惡夢會如影隨形，讓你沒安全感，拿自己跟別人比較，與社會隔絕。或許你曾染上毒癮後來戒毒，但是你若不去處理你的過去，你會惶惶度日，深怕自己破戒，你把所有的痛苦怪在自己頭上，找不到安全感，逃避著過去的陰影。或許你曾有不好的戀愛經驗，但你不從過去發生的事學到教訓，而是結束這個階段，你會再也無法完全投入去愛。因此，別逃避你的恐懼，你的惡夢，或緊追你不放的怪獸。停下腳步，回過頭面對它們。

拾起碎片就好

靜下心，彎腰撿起你所有的靈魂碎片。慢慢來，動作要小心謹慎，注意別撿到摻在碎片之間的髒東西；可別搞混在一起。我們的靈魂碎成一片片時，我們可能會養成有害的習慣，乍看似乎是一些對我們有幫助的習慣，但事實上卻約束我們，或者養成的態度讓我們虛弱，毒害我們；總之，就是會阻撓這個過程的原因。

痛苦絕不會單獨發生。當我們痛苦時，不知不覺會觸發有害的情緒，比如憤怒、惱火、挫折、悔恨或者憎惡。有時我們會陷在悔恨裡，折磨自己或因此生病。有時我們感到怨恨，這是可以理解甚至意料的。當我們被憤怒蒙蔽雙眼，會引起許多痛苦。我們又恨又氣，對某個人或某個跟敵人有關的事咬牙切齒。或者挫折，這種可怕的情緒會摧毀我們的自尊或自我觀念。我們可以盡力而為。但此刻你要往前邁進一步，拋開這些習慣。當你撿拾靈魂的碎片，可別把空洞有毒的情緒一起打包。撿拾時，清除其他雜質。由你自己挑選在新的階段需要的東西。

不要漏掉任何碎片，以為這樣會比較輕鬆。我認識一個失戀後撿拾她的碎片的人。

她留了一個沒撿，據她說，那塊碎片曾引起她所有痛苦，也就是她對浪漫愛情的憧憬。我在她身邊，彎下腰替她捧起那塊碎片。「不要遺漏任何碎片。」我對她說。「或許妳得去除這塊碎片的稜角，但千萬不要從此當愛情逃兵。妳的功課是學習去愛適合的人，不要因為恐懼而放棄。」

所以，拾起所有碎片，擦拭乾淨不要弄髒最後的成品，你的偉大作品。擦去眼淚、憎惡和怨恨。把受害者的情緒、不被了解的感覺和自憐的心態留在地上，把所有每一種有害的情緒留在地上，別讓自己困在其中，把所有你在痛苦和難過時不經思考下的決定，以及所有讓你陷入目前處境的所有信念，全都留在地面吧。要確定的是將所有需要的碎片全部拾起。有時我們太急著重建自己，忘記、匆忙，反而壞事。慢慢來，消化發生的事，檢視碎片，確定自己沒有遺漏。接著整理碎片，用手去觸碰和感覺。所有每一塊碎片都有個等著告訴你的故事。

不要隨便亂撿，動作不可粗魯或笨拙。每一塊碎片都能跟其他的完美拼湊在一起。要是有哪一塊無法拼在一起，一定是有某個原因，千萬不要硬來。如果有必要就從頭來一遍，但沒準備好，不要勉強修繕。

你不該糾纏在你的命運、錯誤或者不幸之間。你應該是你的人生的作者，是主要演員。任何時刻，你都能扭轉你的人生，轉向一個你期望、夢想和須要的方向……。可是想要做到，你得先結束你的痛苦，重建你的人生和現在。

重點筆記……

- 撿拾碎片，搞清楚你的遭遇，你的感覺和你的想法。這是剖析一切來龍去脈，以及釐清你對這些事的想法的第一步。
- 不要等到跌落谷底再拾起碎片。如果你想要好過一點，你得做點事，你得有所行動。
- 知道未來更加美好，是驅使自己開始修繕人生的強烈動機。
- 問題結束，並不代表痛苦結束。要積極處理問題。

第九章　剖析狀況

祖繼跪坐著。他雙手合掌，擱在腿間，同時仔細檢視擺放在他面前的七塊碎片。

到目前為止，我們所需要的觀點已經成形。距離拉遠一點，可以把一切看得比較清楚，當我們給朋友建議時是多麼容易，自己要去實行卻又多麼困難，對吧？該是換個方式思考的時刻了。就讓我們開始吧！

展開健康的修繕的第一步是，了解自身遭遇，並從中學到教訓。讓我們一次又一次回顧過去，試著釐清到底發生什麼事和為什麼會發生，但是我們試著剖析時，通常扭曲事實，因而效果不是太好，無法幫助我們打造一個堅固的地基，再繼續下一步。沒錯，當我們檢視發生的事，我們經常多加裝一個濾光鏡。我們的心智就如同Instagram應用軟體，配有大量的暖色和冷色鏡，能控制色彩的飽和和柔光度，我們會忍不住在檢視自身遭遇跟受過的痛苦時使用，於是我們藉著濾光鏡淡化我們的痛苦，試著看淡回憶，上一層看起來比較美麗的顏色，或者反過來將顏色調暗。

有時，我們會扭曲我們的回憶甚至事實，補上或拿掉重要的元素，比如我們的責任，或者我們遭所愛的人惡意的捉弄。有時，我們不會拿掉而是加上去。我們淋上自己調味的醬汁，加上大家都該負責的情節，或者我們希望發生的故事，

然而，不管我們是否使用濾光鏡，我們都錯了。我們淡化發生的事實是錯的，因為我們補上一種經過我們加工的原因。或許從頭到尾徹底檢查你的痛苦的代價高昂，但若不是如此，你無法看清楚傷害的範圍有多大。想像一下，你發生車禍，所幸平安無事，但是當你送車子到車廠檢修，他們只看一眼外表，只注意外表的損傷。至於你，也同意這樣的檢查就夠了，忽略其他非常重要的部分，像是引擎或方向盤。同樣的情況也發生在我們害怕再一次感受痛苦，不願進一步分析遭遇。

因此，我建議妳剖析你的遭遇，也就是你曾經歷的痛，這樣就好，不要補充、不要光剪接片段、不要淡化、不要改得太複雜、不要使用濾光鏡。如果你想修繕你的人生，

我鼓勵你一定要分析事實，並適當剖析。

仔細的剖析

我們害怕剖析，也自認辦不到，因此去做的時候，往往效果不佳。剖析某樣東西，你須要仔細檢視，先從全面性來看，再一個個細看，如此便能詳細了解特點、本質、不同處或者成分。經過詳細檢視，我們可以得出正確結論，再套入可靠和有效的知識。藉由仔細剖析，我們就可以去除主觀因素。

我建議你重拾你的觀點，當我們感受痛苦時，不管是皮肉痛或是心理創傷，痛感會攫住我們所有的注意，不讓我們專注其他東西。一旦痛苦進駐，就會排擠你的觀點，剝奪我們以理性判斷的能力，讓我們無法分析自身經歷，無法下正確的決定。一旦沒了觀點，我們就注定逃脫不了痛苦，把自己交給了運氣宰割，慢慢地，我們會發現自己失去過著快樂生活或者預估日常生活問題的本領。你須要奪回你對情感、生活、夢想、行動和觀點的掌控力。

當你失去觀點，你會感覺自己對於環境是弱的，你放棄活在當下，而是耽溺在過去。對過去的回憶會鑄造現在的情景。我們的心智選擇特定的回憶，刻意凸顯，或者賦予意義，把它根本不存在的事實混合在一起。當然，已經發生的過往是重要的，但是你用什麼眼光去詮釋，可能會完全改變真相的意義。事實上，你對一件事的主觀經歷要比事實本身重要。對你來說，最重要的是，你認為發生了什麼，你對發生了什麼的詮釋，你對事件的拼湊，以及你對此的意見。

之前，發生了一件事（沮喪、醒悟，創傷或者感情受創）。不管這是發生在幾天前或是幾年前都一樣，可是問題是你是從主觀的角度來經歷這件事，因此你根據你的心情、評價和結論，用特定方式加以詮釋。除了這種第一次扭曲之外，過去的回憶也會來湊熱鬧，跟當下發生的現狀混淆在一起。你重新從現在，詮釋過去的記憶，加上新的偏頗角度。每一次你想起發生的事，事情的面貌又再一次改變。一切依舊，只有在你看來不一樣，但是你沒發現，你重新拼湊和詮釋你的記憶，根據你的觀點、心情和記憶，增加了新的意義。

當你停下來思考，你會發現自己不是重溫真正發生過的事，而是你認為發生過的事，這樣偏頗的錯誤既是一種好處也是一種不便。所謂的不便來自於你一次次重溫發生過的事，你為自己修改、變更、強調或扭曲的東西，擔心受苦。但另一方面，最難以置信的好處是，你隨時隨地都在重新詮釋你的遭遇，要結束這個階段，你需要專注在一個比較正面和有成效的新階段。在這其中，剖析發生過的事扮演一個重要的角色。也許你從痛苦的角度，只做了部分的剖析，你太過匆促下結論，你決定採取激烈的手段，甚至你根本看不到其他選擇，但記住這時的你是被痛苦攫住。然而，當你用目前冷靜的目光，再看一次發生過的事，你會看到自己的人生像是一場電影，因為距離關係，你非常可能修改了那份記憶，用比較不那麼痛苦，比較有意義，比較正確和真實的全新角度，來評估，所以動手剖析吧！

別人的目光……

我們容易受外在影響，過於在意公眾目光，有時我們把其他人的意見看作比真相重要。因此重要的是，你要分析自己是怎麼相信別人看待你的遭遇，你的經歷和你的痛苦……。你可以相信他們會有的意見，可是不要在意。沒錯，關鍵在於你怎麼相信，你所相信的事。當我們又加進他們的目光，我們便依照自己所相信的，想像他們的行為，詮釋他們的態度，而不是根據我們身旁的人真正的行為。

我記得有位女士的案例，她的先生在經歷長期痛苦的病痛後過世。這位女士感覺自由了，但不是她自由，而是指她心愛的人終於擺脫劇烈和痛苦的病痛。她在內心感到很舒服，因為她跟丈夫的痛苦都結束了。但是也就是在心愛的人死亡那刻，她開始感受另一種更深沉的痛苦，那就是她相信自己應該把痛苦表現出來，好抵擋自己的親戚、丈夫那邊的親戚、她的兒子和媳婦，以及鄰居和朋友的目光。對這個可憐的女人來說，這種處罰比起她經歷過的精神折磨都還要痛苦。

因此，我建議你不要在意他人的目光，檢視一下你是怎麼相信其他人是怎麼想的，但是沒有必要滿足他，因為那個人可能只是根據道聽塗說來的就指指點點。

只有你最清楚你的遭遇。只有你知道自己所受的苦。不需要屈服他人的目光。你只需要能感同身受和了解你的人；其他人最好忘掉。你受的苦已經夠多；別再傻傻繼續下去。

問有效的問題

我知道剖析過去並不容易，所以讓我們一起著手進行。先選一個讓你難過的東西，某件會引起你痛苦的過往，或曾遭受的沮喪或逆境。找到了嗎？現在我要你問自己幾個問題，重要的是你要冷靜且誠實回答。慢慢來，不要急。一個經過仔細思考的答案，要比急忙片段的答案要來得好。

發生什麼事？

這是第一個問題。到底發生什麼事？這乍看似乎是個簡單的問題，但是絕對不是如此！在你急著回答前，先花點時間思考，如果有必要，就花幾天吧。我希望你能問自己到底發生什麼事，而不是你認為發生的事，或是你希望的劇情，你想要的過程或情節。重要的是，你要專注在如何描述。試著把發生的過程說出來，不要加油添醋或擅自刪減，也不要加以想像或扭曲。如果你目前正在這團風暴中，那容易多了，因為回憶往往是歪曲過後的真相。

試著剖析你的遭遇。要完成這件事，我提議你乾脆寫下來。寫下你的描述，詳細寫一份已經或正在發生的過程。想像自己扮演聯合國警察角色，你的任務是監督，你得針對發生的事情寫一份詳細的報告。你可能覺得麻煩，但我鼓勵你排除萬難寫下來，因為這樣一來你可以解開頭腦裡的一團亂，分清哪些是真的或經過調味。你會釐清感覺、意見和行動，當你再讀一遍，你可以修正你的說法、報告，以及你對事情的描述。

為什麼發生？

讓我們從這份報告繼續談下去，好嗎？為什麼發生？為什麼你會感到痛苦？我往往是關水龍頭而不是倒光水瓶的那個。我的意思是：面對問題，我們可以做兩件事，一是直搗問題帶來的後果或者問題的來源。如果可能的話，就直搗源頭吧，但是要做到，一定要能分辨清楚問題，若不這麼做，我們會把力氣浪費在錯誤的地方，最後以為我們的努力都是白費。

逆境究竟從何而來？你痛苦的源頭來自哪裡？我記得曾聽一個人說過，他所有的痛苦來自他的母親，但其實他問題的來源是他不知道該怎麼做決定。我還記得另一個案例的主角，他認為所有痛苦是因為他不會處理衝突，但其實他所有的問題是他對自己缺乏信心。剖析你的痛苦，以客觀角度寫下一份報告，或者盡可能以客觀的角度。

為什麼我們會在逆境中喪失分析的角度

當我們的人生出現逆境，觸發警報，我們的身體就會處於警戒狀態。交感神經系統啟動，引發荷爾蒙一系列的改變，影響我們的思考、行為和感覺。當身體處於壓力狀態，皮質醇和腎上腺皮質激素濃度上升，我們會失去平衡，無法堅定觀點來思考。當我們往不好的方向思考，我們會專注在逃避壓力或者只想趕快逃離。因此，逆境將占據我們的生活，要我們注意，不讓我們享受日常生活小小的喜悅。

可是，當我們把逆境當作挑戰呢？會是怎麼樣？當我們消除我們認為的有害元素，我們的大腦會拿出最大本領，幫助我們達成任務：對抗挑戰，我們喜歡挑戰，喜歡征服自己，喜歡成就感。面對挑戰，我們興奮不已，燃起鬥志，挖掘出我們到目前為止不知道的潛能。因此，要時時刻刻注意，我們面對逆境會往不好方向思考，但是面對挑戰，我們永遠會往好的方向思考。

該怎麼反應？

這是報告的第三個部分！我們來到剖析面對逆境該有的反應的時刻。到目前為止我們學到了面對逆境會有哪些不同反應。我鼓勵你檢視第一部的第三章，試著辨識你在面對逆境的反應。

如果你能評估自己的反應，你就能明白許多事，你就能處在最好的狀態下來處理痛苦和修繕你的人生。同時，當考慮面對逆境會有的不同反應，你可以在當下清楚認出你的反應，和處理逆境的方式，特別是你的反應，這樣有效率多了。

你為什麼會這樣反應？

你須要再一次回到事情源頭。一定要是源頭，事件的開端。為什麼我們會這麼反應？是什麼讓你有這種反應？有時我們把源頭怪在外在因素，比如壓力或霉運，但其實你的反應源頭永遠是來自你自己。別忘了，我們正在分析你的反應的源頭。

我們一直有決定的能力，千萬要把決定權交出去。有時我們會神智不清或忘記，比方當我們喝醉，吃了藥，或只是因為一時糊塗，問題就在這裡。我們會忽略發生什麼事時迷失。我們總是因為許多狀況，忽略時間的腳步和自覺，但如果我們能預見或提前知道，可以大大降低關於失去自覺的危險。如果你自己發現或有人提醒你正在恍惚，或是你心不在焉，你太過緊張等等，這就是該停下來重新專注在自己身上。

若不想失去觀點，只有一個辦法，那就是提前知道。如果你感到壓力，你得停下來，得找個辦法。如果你感覺失去控制，你得停下來。

我沒控制妥當的那天

我喜歡高山，住在山裡，跟在山裡工作……。對，你沒聽錯，我的確說在山裡工作。當我沒有諮詢療程，也沒去滑雪或健走，我就是在一間位於山裡的公司工作，或者在一片綠草皮上用iPad寫作，可能在山頂或去溪邊，陽光從天空灑下。

如果我在山裡寫作，我習慣健走或跑步一兩個鐘頭，找一個地方停下來工作，花個二到四個小時寫作，然後急忙下山接女兒放學，處理辦公室事務，或者沒有特別理由，只是因為喜歡跑步，喜歡高山，以及喜歡爬山和下山，有時慢慢下山，有時快跑……。

我得說，當我到山裡工作，我習慣找非常崎嶇的坡面，這樣一來，走四或五公里，可以爬六百甚至一千公尺的高地形。我記得有一次遇到一段非常長的崎嶇高地；事實上，那是個滑雪站的紅色滑雪路徑。我有點累，但是趕時間，我急急忙忙完成寫作……。可是，我非常開心。嗯，可是因為超過自己能負荷的範圍，我沒控制好，最後扭傷了腳踝。幸運的是只有扭傷而已。

這是我的錯，是自己該負責，只是發生了一個人失控時會發生的事。我相信這純粹是運氣不好，星星聯合起來欺負我，或者我該多鍛鍊腳踝，但真相是我跑太多路，耗盡四頭肌的力氣，到最後腳站不穩，但我非但沒有走下斜坡，而是從一旁的路下去，因為這個危險，因為體力問題，扭傷了腳踝。

我失控了，這是不該犯的錯誤。我在失控前，可以做很多事，比如早點兒離開，在第一個坡段調整自己，打電話給太太，讓她去接女兒，讓女兒等我，或者打電話給女性朋友，拜託她去接我女兒等等，但是我一心想去接她，所以失控了。

讓我們繼續講這份報告，好嗎?來吧。我們只剩三個問題!一一來看。

逆境帶來什麼影響?

我們評估過逆境出現的原因，但現在輪到評估它的影響。再一次拿起你的報告，拿出最嚴厲的批判精神，該是分析發生在你身上、你的生活和你身旁的人的事，有什麼影響。

當我提供諮詢的對象是自信心低落的人，我總是會遇到他們抗拒完成某些指示。自信心低落的問題是，你以為自己不配得到幸福和快樂，以為自己總是優先順序名單上吊車尾的那個，最後你放棄為自己做任何事。然而，正如法國人說的：「我有點壞。」我會分析他的環境，尋找一個出發點，一個對他來說盡可能強烈的動機。總會有個孩子、父母、朋友或者寵物，可以為他們做點什麼，這就是我的方法。所以，只要有激勵作用，我會盡力跟我這位自信心低落的客戶鉅細靡遺解釋，他行動或是不行動，忽視自己，對自己不負責，會如何影響他們身邊的人。

別忘了，你的行動會影響你和你的周遭，所以該分析引起後果的時刻了。該是提出新的問題的時刻了。

你對於人生有什麼樣的信念？

許多時候，我們為了存在期望和現實之間的落差，感到痛苦。一生當中，我們會把我們在家中和電視上所看到的，變成我們對於人生該有的樣子。我們身邊的人會告訴我們他們對人生的信念，我們會不加思考，放進我們的信念裡。

分析你對人生的信念吧。你的信念是從哪兒來的？人生不是它該有的樣貌嗎？而問題就是從這裡而來。打破這些存在內心的信念和模式吧，專注在活在當下，享受每一刻。不要等到某件事過去，享受正在發生的事吧。不要成天評估人生該怎麼樣，而專注在目前的模樣。如果你想要快樂，我鼓勵你重新檢視你對人生的期待，並加以調整。

當事實不符合你的期待，你可能感到沮喪、生氣或者承受壓力。你可以檢視你的期待以及重新調整。甚至你可以下決定，做出你需要的改變，達到你要的快樂。

你從發生的事，學到什麼教訓？

讓我們從報告的最後一個問題開始。如果我們能從痛苦學到教訓，受過的苦不會是白費。這是個相當重要的問題，值得在下一章用一整章來解釋。別擔心，很快就到下一章，但在此之前，請讓我告訴你幾個我認為在你分析時重要的思考。

想像的痛苦

有時並不是我們痛苦，是我們看見我們關心的人的痛苦。於是我們從身邊的人遭遇的痛苦，得出痛苦和折磨是糟糕的看法。我們費盡九牛二虎之力逃避痛苦源頭，不管是對還是錯。如果我們看到身邊的人，可能是父親，因為工作或愛情痛苦，我們的結論會是工作是不好的，戀愛是糟糕的，以及一長串不經評估和分析得來的結論。

因此，我鼓勵你檢視你有的模式，你經過加工的結論，以及那些牽引你的人生的期望和信念，你應該把這些從別人身上看到的東西好好地過濾分析。總之，你該做的是檢視你的模式和出處，分析維持原樣是不是有意義，或者須要著手改變。

態度扮演的角色

想像一下，你走在山裡一座到處是動物的松林。那裡有著各式各樣的動植物。事實上，對於喜歡觀察的人來說（我喜歡在摩西洛國家公園北面茂密的森林散步），森林是樂園。然而，如果你徜徉在一座美麗的森林裡，只沿著小徑行走，頭垂得低低的，你看到的只會是石頭、泥土和泥濘。我們說的是，同樣的景色，同樣的地點，其中一個人垂著頭，另一個人抬起頭；一個盯著地面，另一個飽覽四周風景。視線擺在哪邊，將決定你看到的是盛開的百花或只是光禿禿的石頭。

態度扮演的角色，差不多就是我剛才舉的例子。你的視線擺哪兒，決定你在路上看到的東西，以及享受的體驗。事實就是這樣。兩個人在同一座森林散步，但是因為各自的態度不同，經驗也有所不同。負面的態度無法改變事實，但如果我們選擇不同的態度，就可以凸顯跟我們態度相仿的元素。積極的態度或許無法改變事實，但是能讓我們用比較熱烈和圓滿的方式去體驗，豐富我們的經驗，給我們享受人生的機會。因此，面對逆境、問題或挑戰，最好以積極的態度面對，因為這是你的工具，讓你使用來解決每天的問題，鍛鍊你最佳體質，讓你從中學習珍貴的教訓。

不要別開頭，企圖催眠自己，你就是無法修繕你的人生。抬高你的頭，看看前方發生的事吧。你就是有那個本領，知道該怎麼分析。你擁有地球上稱霸所有動物最聰明的大腦，讓它為你工作。準備好迎接逆境，直視它，分析它。越快越好！不要再拖了，不要浪費時間，拖越久只會讓事情更棘手。

別忘了……

- 不要加油添醋，分析最赤裸裸的事實，多加或少加一點，都只會幫倒忙。
- 不要耽溺在過去，不要一次次重新經歷已經發生的事。
- 痛苦，是因為著眼點在對事件的主觀性，而不是事件本身。
- 問自己有效的問題，能幫助你以所需的觀點，重新剖析發生的事。

第十章　從經驗學習

祖繼閉上眼睛，摸著七塊碎片的每一塊。你為什麼會摔碎？是因為你的命運嗎？還是因為我的笨拙？你想教我什麼經驗？

如果我們懂得從發生的事、受到的折磨，和引起的苦痛學習教訓，那麼這種經驗將不是白費。但是我們若不回頭檢視，我們是無法學到任何教訓的。我知道這可能會帶來痛苦。我知道回顧過去意味重新經歷一次發生的事，讓我們面對費盡力氣就是想忘掉的東西。我知道視而不見、美化回憶，假裝什麼事都沒發生，是很簡單的。可是，請相信我，迴避、掩飾或藏起發生的事，非但完全不能幫你，還會搞得更糟。

如果你遭遇的是可怕、駭人的經驗，你要先轉換，再來才能了解然後忍受它。然而，這種轉換不能幫你學到什麼。你須要再一次面對事實，在這最後一次，不要美化或隱藏，事實就是你看到樣子，事實能幫你學習和成長。不要再逃離你的過去，不要再躲藏，不要再重蹈覆轍，回過頭，抬高再看最後一次。該是你從經驗學習教訓的時刻了，這樣一來不會再受一樣的苦。

我們要一起從自身遭遇學習，賦予它新的意義，了解它，避免再犯一樣的錯。或許你認為你得獨自一人進行這種重新定義的過程，但並非如此。你擁有我的幫助、我的經驗，我非常願意在你重建的過程扮演引導者的角色。

贖罪性試煉

我們從世界各地歷史，可以找到不同史料和例子，看到人類在特定狀況，會使用贖罪性試煉來證實一個人的無辜。中世紀最有名的就是火刑試煉，也就是對遭控行邪術或巫術的人施以火刑。

當有個人做壞事，或者他以為自己做壞事，他就須要接受火刑試煉，或不管是哪種試煉，目的是要向其他人證實自己是強壯的，對於加諸在他身上的指控是無罪的。贖罪性試煉，不管是透過哪種方式，通常會有個考驗外在的受苦情節，通過之後，等於保證接受這種殘酷試煉的人的清白，不然就是他有所隱瞞、說謊。

然而，你不也把自己推入這種贖罪性試煉？哪一種是你的火刑試煉？有時我們扮演自己最糟糕的裁判，只從一個結論就毫不留情地評斷、處罰自己，有時結論卻是太過倉促。我們相信某次逆境發生是自己活該，我們認為那是自己招來惹來的。不知不覺，我們習慣了折磨，把一種明明不是正常的情況視為稀鬆平常，想像透過這樣自我處罰，就可贖罪。

全新的意義

讓我從給予自身遭遇新的意義開始。我們的心智控制一切，它喜歡掌握所有的事。我們不太能忍受不確定性、缺乏資訊，或者模糊不清。心智努力想對發生在我們身上的事套一個概念的框架，再補上內容。當我們經歷事情時，情感的波動平穩，我們的心智就能輕鬆控制；然而，當情感的衝擊劇烈，我們的心智就會短路，無法清楚思考。

了解這個過程是怎麼運作之前，得先談一點神經心理學。

人類的心智位在神經系統，這個系統主宰所有身體發生的大小事。神經系統是一台處理所有一切的超級中央電腦，能夠應付所有身體面對的事。心智負責控制我們的心臟、呼吸，和其他基本生命功能，也處理我們的知覺，所有世界要告訴我們的，就是透過知覺傳遞。它讓我們能走路和跑步、能感覺、能去愛和做夢、能休息和跑跳、能說話、能感到悲傷，以及感覺心愛的人吻上我們那一刻的幸福。

這台超級中央電腦也就是神經系統，是借助專司其職的細胞，踏實地進行工作。大腦精準和堅固的架構是神經元，神經元細胞能處理大量繁雜的資料，透過一張複雜的神經網相互連結。神經元之間連結的處理，是藉由化學突觸和電突觸，它們扮演重要角色，主導我們的感覺、動作跟思考。因此我們可以肯定，每件發生在我們身上的事都會刺激神經系統，無可避免的，必定對我們身體其他部分造成影響。

那麼，控制身體的大腦需要了解發生什麼事，假使無法了解，它會感到壓力，一旦出現壓力，就會把壓力跟一連串的信號傳送給全身各個部位，因此身體會感受到壓力。

求生是我們與生俱來的本能，所以大腦希望避開壓力，而唯一的辦法是針對發生的事，設定一個特定的概念框架，即使是錯誤的框架。

我們的神經系統接受了這種概念框架，會匆促做出錯誤反應，但是它沒有其他選擇，心智希望有一個有意義的框架，不管正確與否，就是要盡快拿到，因為一旦有個當作範例的框架，不確定性的壓力就會消失，一確定腦部跟身體的壓力解除，心智可以再次放鬆，靜下來忙其他事，心智不希望我們快樂，而是希望我們活著，遠離危險；也就是它想保護我們。

讓我們來看看給心智跟身體的這種概念框架。分析你的概念框架，你是怎麼詮釋發生在你身上的事、你經歷的事，以及你所受的痛苦，因為你的概念框架會決定你該注意到什麼。記住，大腦控制一切，甚至我們的意識。如果自認是個輸家，我們會選擇看到符合我們想法的東西。當我看到的東西經過篩選，對世界的看法就會是片段的，但相反地，感覺到的情感比較真切。

任何我們感到的情感一定有它的來源，有一個引爆點，一個刺激點。有時我們不知道一種情感可能引起什麼，有時我們做錯選擇，以為刺激點是來自情感，甚至我們有時以為一種情感是無中生有，是偶發性的。但是我們錯了。情感，是來自我們的觀點，也來自我們內心的對話。因此，你的內心對話有哪些？你告訴了自己什麼？你認為自己是輸家？你把自己看成廢物？你總是把錯怪在自己身上？如果真是這樣，你得知道你正莫名其妙地處罰自己。

痛苦的回憶往往會引來更多痛苦。我鼓勵你回顧過去，就這麼最後一次，以你現在的觀點來分析發生的事，這樣一來，你就能把這些過往收進箱子，永遠封上。

痛苦的期待

跟回憶一樣，痛苦的期待會讓我們痛苦。因此，分析遭遇非常重要，你要從中學到教訓，得出結論和新的觀點。

如果你現在正在受苦，我鼓勵你改變你此刻對未來的期待。不要再去想你無法克服逆境，你要對自己有信心，相信自己能走過逆境和不幸，因為你擁有所需的一切，可以辦得到。

或許你為愛情所苦，你決定不再談戀愛，或許你被友情所傷，決定不再信任任何人……。檢視你的結論，你會訝異未來不會是你在痛苦時刻做出的扭曲預言。

從接納自己開始

沒錯，有時我們會不自覺地虐待自己。我們是自己最嚴苛的裁判。我們扭曲發生的事，加入大量的不好的自我想像。我們用背離事實的苛求，在原諒其他人同時把錯誤怪在自己頭上，我們虐待自己、不愛惜自己、我們處罰自己，用這種火刑來替自己贖罪……。夠了！該是改變這樣的情況的時候了。從對自己好一點開始，接納自己、跟自己問好，給自己一個自我認識的機會，思考並跟自己談談發生的事。

我們過著節奏緊湊的生活，面對滿足自我利益以及無止境的競爭，受傷的人須要編織能夠超越自己的標準。這令人感到悲傷，但是我們經常無法得到其他人幫助，就這樣錯過建立觀點的美好機會，因此，我們剛剛盡所能創立新的意義的框架，帶著我們的經歷，去做我們得去做的事，超越自己。

你要特別專注在你內心的故事，你內心的語言，你對自己的疑問，你對自身遭遇分析的原因，還有你必須要明白，該怎麼學習和去做，以克服逆境。或許很少人能懂你，願意聆聽你的話，或伸手拉你一把。但是這樣還比較好，因為他們很難站在你的立場想。大多數的人總是匆促下評論，過早論斷發生的事，他們的意見是片面而不公平的，只可能引起更多的痛苦，幫了倒忙。想要處理逆境，你不需要太多人幫忙，只要懂得選擇真正能感受你的痛苦的人。

清理不好的部分，把空間留給新的人生

不必試著忘掉發生的事，也不要回想。只需要處理對於這些遭遇的回憶，原諒、歸檔，並從中學到教訓。我們不要一再拿出來咀嚼，因為我們的大腦會一再重溫當下的感受。每當想起那種痛苦，同樣的感覺立刻席捲而來，即使沒有當初強烈。也就是說，當你記起曾經歷的悲傷，你會再一次悲傷。

不斷回想的過去，會導致可怕的精神創傷：我們恐懼再一次受到傷害。因此，要治

療恐懼再一次受到傷害的話，我們得先處理發生的事。過去不會決定我們的人生，但會影響，就這樣而已。幸運的是，我們可以結束一個階段，再開啟另一個階段。你的過去或許解釋了很多事，但並不會因此決定你的人生。此外，如果你太過專注在過去，或許會對你的未來帶來不好影響。我是挖掘人們潛能的專家，找出他們的能力和天賦，並幫助他們寫下自己的人生，要達到目標，一定要甩掉過去的包袱。我對過去從不感興趣。背負這個包袱根本無法工作。過去是無法改變的，完全不能。若是有人想尋求我的幫忙，我做的第一件事是確定未來的計畫，一個工作計畫。我們要永遠看向未來、立下目標、付諸行動去實現。

荷馬說：「過去的事就讓它過去吧。」或許你曾遭受重大精神創傷，或許你因此曾罹患……。不要緊。從發生的事學習教訓，然後結束這個階段吧。如果你活在過去的泥沼，你就無法揮別過去，因此最好的辦法是處理你的回憶，清理不好的部分，把空間留給新的人生。

把你的焦點從過去移到現在。要做到的話，得先結束你的過去。放下你的包袱，從過去的重量解脫。在這一生，我們會不斷蛻變、成長和進步，所以你可能會跟過去的自己完全沒關係呢。

誰在乎你的過去？

我可不在乎。別把你的人生告訴我，別把你的過去告訴我，因為對我沒用處，對你也沒用處。你也不該在乎。你身邊每一個人，一點也不在乎你的過去。不要在第一次見面時就把你曾經的模樣、你罹患的症狀和你背負的十字架，告訴他人。你身邊的人，如果真的愛你和尊重你的人，是不在乎你的過去的。

不久前，有位討人喜歡、善良又充滿優點的男士，跟我談了五分鐘之後，告訴我他曾經有過藥物成癮的問題。「你為什麼這麼在乎？對，我是指你。我不在乎這件事，你也不應該在乎。」我對他說。我眼前的他是個迷人的人，只是還拖著沉重的包袱。

「為什麼你要告訴我你曾經濫用藥物？」我問他。

「因為我認為你應該要知道。」他對我說。

我並不是正在進行治療，他連我是從事哪一行都不知道。

「可是，有誰會在乎你幾年前的樣子呢？」我回答。「難道我告訴過你我得過百日咳？我的左腳大拇趾骨折兩次？我小時候曾經在學校裡被綁在椅子上？有一次我吃冰棒差點噎死？」

過去都過去了，又能如何？讓我們專注在現在吧，你不覺得，我們應該要勾勒一個喚醒我們最美好夢想的未來嗎？

重新詮釋你的過去。現在的你比以前更有智慧，如果回顧過去，你可以用比較多的想法重新詮釋。重新定義吧。整理你的過去，並試著了解，因為那是些都是經過我們扭曲的過去。思考發生在你身上的事。你的回憶此刻會完全不同，不要感到不安。過去的已經隨風而逝。

試著用新的觀點，來理解你的遭遇。想一想，你的過去是隨著時間腳步而模糊扭曲的回憶，是你的恐懼和希望打造出來的面貌，還加了一點傷感調味。你的過去，會是一直跟著你到嚥下最後一口氣的沉重包袱……，或者可以不是如此。裝滿石塊的背包，會讓你無法踩著輕鬆的腳步繼續往前。你想繼續在人生道路上前進，不只要帶一點水和食物，還需要夢想和目標，而你不乏目標。

原諒別人也原諒你自己。忘記並封存過去

原諒、忘記並封存過去。留下美好的回憶，其他的通通扔掉。不管做什麼都好，但就是別再頻頻回顧過去。停止懷念、回憶或者活在過去，活在你的過去；你該是那個最不要在乎自己的過去的人。或許你可以用現在的觀點，重新詮釋過去，可是相信我，用處並不大。最好把圍繞過去打轉的時間，用在清除模糊的回憶、扭曲的畫面，和摻入了意見並經過美化的事件，用在計畫你的未來吧。

小心他人對你的評論。檢視你是否把他們的意見深植在你的內心。他們說的話，並不意味是正確的。人們會批評，彷彿自己是研究人格或者法醫分析的專家，但其實這些意見往往錯誤的成分要比正確來得高。問題不在於有人說了什麼，而是你相信了什麼。

認同自己、重建自己以及給自己一個機會

過去一直存在。從過去能分析某些你人生的事件，可是別忘記，能得到的是事件對

人生造成的影響。不要以為你的過去因此主宰你的一生。嗯，如果你堅持背負著過去的包袱，主宰或許是可能的，可是相信我，別這麼做，這樣一點意義也沒有。你的過去不應該主宰你的現在和未來。

不要在乎過去的自己，而要專注在你想成為的人。或許在你現在住的社區、城市或鄉鎮辦不到，但你如果感到窒息，可以離開這個限制你的人生的環境！走吧！不要猶豫。有許多人在出走後反而挽救了他的人生。尋找你可以重生的地點，在那兒重新挖掘你的真正本質，放下偏見、恐懼和既有想法，建立你的人生。「你這是逃避。」有些膽小鬼可能這麼說。這根本不是逃避，而是聰明的選擇。你會在得到成果的地方重生，這不只是運氣。如果你賴在不合適的地方不走，有什麼意義？一切正等著你去發現，去經歷，去重新定義……。連結你的情感力量，開始寫下你的人生的篇章。

在這個過程結束後，你的結論不會一定是恐懼。你要放下消極態度，以積極態度去學習和行動。不要學你所辦不到的，而是你能辦到的，你具有重建自己的力量。你在摔碎之後，得要學到教訓。

檢視你內建的習慣

有時我們會用不可思議的行為，證明自己的堅強，證明自己能克服某種狀況，不再重蹈覆轍。我記得有個例子，有個人跟自己打賭，若能一整個月不沾毒，他就把原本要買毒的錢拿去刺青，藉以證明自己再一次做到。我還記得有個逃離施暴者的孩子的例子，他經常練習跑步，每天都不間斷，這是他保護自己的一種辦法，他相信訓練自己跑快一點是他的救命符。

注意你的習慣，有些看起來似乎有益處，但有時並非如此。如果有必要，你可以透過象徵性的行為，來提醒自己是多麼堅強，永遠放下那些曾經如何受苦的不堪回憶。你的習慣要是正向的，要能展現你能修繕自己的本領。這些行為應該要能鼓勵你，而不是讓你感覺像受害者。

最重要的結論是，針對這一個問題的答案：「我從自身遭遇，學到了什麼？」你一定可以學到很多東西，但是在學到教訓之前，一定要確定你的遭遇是真相，也就是說不帶偏見或扭曲。

好好地從自身遭遇學習，你的結論會變成你內心對談的題材，成為你面對人生一部分的參考框架。內心的對話來自你的信念、你思考的過程、你受的教育、你身邊的人，以及你的學習。這種概念的框架主導你的人生、你的情感、你的欲望、你的夢想、你的決定，以及你的行為。檢視你的概念框架，這種由計畫、信念以及意見組成的框架，經常跟事件混在一起，這個框架賦予你的人生和遭遇意義。你須要獲得內在的資源，學習並連結你的情感力量，這只有從發生的事學習，才會成功。

重點筆記……

- 如果你懂得學習，從你的遭遇得到適當的教訓，那麼你的遭遇就不是白白發生。
- 你可能是個差勁的裁判。不要再評斷自己，從愛跟同情的角度來了解自己。
- 檢視你對經歷過的事給予哪種意義，從全新的觀點重新審視。
- 讓過去就過去吧，學到教訓，結束這個階段。
- 當你確定要學會哪個教訓，務必確定確實做到。
- 你的結論，你學到的教訓，將會是你人生的一部分，是經歷的正式版本。

第十一章　連結你情感的力量

祖繼擦乾眼淚。他睜開雙眼，露出一抹羞澀的微笑。終於，他感覺自己是堅強的，充滿自信能修繕茶碗。「不管發生什麼事。」他對自己說。「真正重要的是從現在開始將要發生的事。」

我的目標很明確，那就是我希望你感覺自己是堅強的。而連結情感的力量，是使一個人堅強的最好辦法。你有得到幸福的一切所需條件。你也有修繕自己的一切所需條件。你唯一要做的就是連結你情感的力量。

大自然充滿智慧，它賜予我們求生的本領，讓我們處在逆境能修繕自己，治癒身體的傷口以情感的創傷。身體的力量讓我們對抗最大的挑戰，筋疲力竭過後再恢復神采奕奕的自己，情感的力量則是超越逆境的關鍵。所以讓我們從頭講起。什麼是情感的力量？

情感的力量集合了才幹、本領、技能以及能力，經過學習、了解和掌控，我們會變得堅強、得到快樂，以及知道如何應付逆境。每當我們學習一項技能或本領，我們會感覺更有自信和強壯，因為我們發現自己多了一種工具，發現自己可以學習使用更多工具，對抗每天的挑戰。因此，總結來說，我們的情感的力量來自於我們有自信接受挑戰，並在結束過後往前更邁進一步。所以強烈建議你在人生道路上要懂得連結情感的力量，使用你所有的本領，並滿足你所需求和欲望。

不去處理的東西會一直累積下去

大多數人都有一些不去解決的小小衝突、挫折，無法實現的脫離真實的期待，日積月累下，變成了問題。當情感的力量低落，一定不利一個人面對每天的挑戰。一個充滿自信和快樂的人，跟一個這樣相反特質的人，差別就在他們情感的力量。

情感的力量正是讓我們面對挑戰和問題的工具袋。別忘記：大多數人會痛苦，並不是艱困的逆境，而是日積月累的小小問題。

我們都有情感的力量

我會再一次用身體的力量來說明關於情感的力量的重要概念。不是每個人都擁有相同的身體力量，也不是每個人都擁有相同的情感力量，但是我們如果能擁有足夠的情感的力量，我們就能迎接所有人生道路上的挑戰。

我們的力量程度不同，掌握力量的程度也不同。有些人非常清楚怎麼做決定，但是他們須要加強處理衝突的能力。有些人或許非常了解自己的情感狀態，了解圍繞身邊的人，但是他們在面對逆境時卻無法堅持下去。

我們每個人的力量都不同，這是我們與生俱來的。問題在於，我們在成長過程遺失一部分，然後遺忘。正常來說，如果我們不下好的決定，想要快樂很不容易。如果我們無法去愛或放棄愛情，也無法快樂。如果我們不能感受夢想，我們無法快樂。我們根據所受的教育，以及人生的遭遇，會以不同方式發展出不同的情感的力量。然而，我們須要測試每一種力量。如果只是一些比較好，另一些不合格是沒有用的，因此我們要投資時間和力氣，提升每一種力量的程度。

但是別擔心。重要的不是你有哪些力量，缺哪些，而是你可以擁有所有的力量，全部都可以透過學習得到的。請容我再一次拿身體的力量當例子，來告訴你，你可以用同樣一套訓練體力方式，訓練你不同的情感的力量。

情感的力量是可以學習的

關於情感的力量，最重要的一點是可以學習、吸收和訓練，因此得到快樂不再是空談，而是某種可以透過學習得到的東西。

可以學習做決定。基本上這並不難：你只要學著分析決定的內容，知道你有哪些不同選擇，評估短期、中期跟長期的變化，排出優先順序，最後做出決定。對了，要特別注意恐懼、欲望和舒適感，可能扮演扭曲事實的角色。這樣不算難吧？你可以用同樣一套方法來分析人，認識你的情感狀態，自我激勵和應付逆境方式（這也是本書的目的）。

幸虧有情感的力量，我們正在經歷一場心理領域的革命，不只是應學習單位要求，我們打破倚賴治療師的模式，採用新的模式，提供工具給病人，教他知道怎麼使用後結束療程，確保他在應用學到的東西後，能獲得安全感和自主。也就是說，我們改變治療的模式，病人應該不定時與他的心理醫生見面，確定治療的最新進展，並分析該培養哪些情感的力量，擬定一個詳細的計畫，也因為這個計畫，病人（已經不算病人）學習、理解他所需的各種情感力量，視不同情況拿出來應用，這時他與醫生的治療關係就可以結束了。也許他還會再回去找醫生，但已經不是因為當初求診的原因。

因此，我鼓勵你連結你的情感力量，你會從這種力量找到最佳工具，幫助你度過逆境，治癒你靈魂的創傷。

發展更多情感的力量

情感的力量能幫助我們得到快樂並保護它，因為這是一種在心理層面接納的機制。同樣地，我們透過心理層面接納的機制，能接納相當多的情況、問題和逆境。我建議你檢視一遍其中幾種情感力量，評估這些力量是否能影響、決定，甚至製造你置身的狀況。

讓我從力量的範圍講起，來理解、認識和掌控所有種類的情感。有些人對情感無感，甚至拒絕、逃避，這種力量扮演調整我們內在與外在行為的重要角色。也許你該要連結你的情感，認識它們，並給予適當的名字。也許你該學習認識你身邊的人的情感，並試著掌控。你可能需要學習掌控表達你的情感。當你認識了你和周遭的人的情感，你就能清楚你的另一半何時冷漠，你的工作何時令你窒息，或者你心底的悲傷何時從一般狀態轉為沮喪，因此，你可以遠在這種可怕的病影響你人生的各個層面之前，尋求專家的協助。

也許你應該再發展一種幫助你在逆境中堅持下去的情感力量。也許你搞混了恆心和固執，於是你忽略周遭的信號正告訴你該做某些決定和改變你原本決定的方向。但是你也可能需要加強你的毅力，如此一來，你便能在逆境中前進，繼續奮鬥。

或許你所有的問題來自你的自尊心過於低落，讓你走不出困境，於是你懲罰自己，你感覺沒有能力達成目標，或者你採取認命消極的態度，最後陷在逆境中掙扎。再一次說明，適當的自尊心就是最強的情感的力量，能讓你跟世界建立平等的關係。

你須要學習與他人建立關係。也許你在建立關係時，態度是消極或強硬的，因為你投射了你的恐懼，或者原因是來自你過去處理失當的經驗。如果你的問題是在你怎麼下決定的方式呢？我們都做過很多決定，但是我們做決定的效力不佳。必要的是檢視這種情感的力量，因為我們絕大部分的問題是這種力量引起。

只要力量強大，你就可以學習更清楚分析人群，找出哪些是毒型人物，建立有品質的關係，防止大多數的衝突和決裂。有了情感的力量，你可以細細剖析你發生的遭遇，選擇加強你自尊心的事物，去除其他不重要的東西。最好的是，情感的力量匯聚你所能完成一切的力量；這種力量是可以透過技巧或策略，輕鬆學習並吸收。

情感的力量有非常多種，接下來我列出其中最重要的十九種。你可以檢視目前處在的逆境，找出你的逆境可能跟以下哪些情感的力量有關。

情感的力量

- 把情感內化成你的人生。
- 正確解讀你的情感的狀態。
- 定義你的情感。
- 學習和辨識身邊的人的情感狀態。
- 掌控你的情感，和表達情感的方式。

- 堅持達到你的目標。
- 管理逆境。
- 平衡你的自尊心。
- 不要倚靠外在的刺激。
- 增加責任感。
- 採取正面的態度。
- 選擇你自己的路。
- 建立有品質的關係。
- 提升你溝通的技巧。
- 幫助你與他人合作，發展你的熱情。
- 處理衝突。
- 做正確的決定，替生活立下目標。
- 有需要就求助。
- 享受人生給你的機會。

情感的力量的三大支柱

情感的力量能讓你站在遠一點的距離，仔細分析你的遭遇，並擁有某種觀點。因此我們該做的不是反應，而是學習仔細剖析，換個不同的方式思考，往好方向想，我們的反應會是正向的，對於短期、中期和長期來看，比較恰當。最後，當我們已經擁有把握和自信，就是該行動，讓這句藉口：「我知道理論，可是說比做簡單。」成為過去，從此消失。我們能決定改變，情感的力量能幫我們達到快樂，並保護它。

可是，我們要多深入研究每個階段的細節。你在本書第三個部分會看到，我針對接下來的三個階段，舉出實用例子，只有三個階段，就這麼簡單。

拉開距離

讓我們隔著一段距離，用不同的目光審視自己。在許多時候，拉開距離時能夠看得比較清楚。在拉開距離之前，我們可以先問自己一個簡單的問題：我目前正在做的事情有什麼意義？每當你要行動或者下決定時，就問自己這個問題。不要習慣慣例，不要無感過日子，不要只是一味往前跑。停下來，給自己不一樣的觀點，選擇適當的方向。

我會在庇里牛斯山區，跟客戶一邊走路一邊上課。我習慣根據我們擁有多少時間和天氣狀況，計畫不同的路線，大多數時候我會安排到森林裡一次愉快的散步，最後總會抵達一處視野優美的地點。一開始，我們在路上只會看到樹木，視線專注在行走的道路。我們的心智專注在地面，完全沒有其他想法。但是在樹木的那一頭是色丹尼亞區山谷寬闊的景色，我們卻看不到。卡迪山的蒼鬱森林遮去美麗而高聳的松柏。那座山谷一直在那邊，但是我們卻不曾注意。然而，當我們再爬到高一點的地方，景色從森林變成一片高山草地，突然間，整座山谷壯麗的景色出現眼前，而四周圍繞著令人驚嘆的高山。這正是觀點，當爬到比森林還高的地方，就能擁有全面性的視野，讓你可以換另一個角度來看。

換個方式思考

第二步是比較深入的方法，因為我們得換個不同的方式來好好思考。第二步的目標是要擺脫受到限制、扭曲的想法，正確分析我們的遭遇——我們以為的遭遇或者希望的遭遇。我們在思考過程，往往摻雜了恐懼、欲望和舒適感，因此扭曲了事實，並受到偏見影響。

當我們檢視思考的過程，也許會發現有些框架控制了我們的人生，但可能是錯誤或不正確的。我們須要檢查、更新和調整心智跟觀念的框架，以比較有益的方式接近現實。

世界並不是它原有的樣貌，而是我們認為的樣貌。我建議你做個小小的練習來確定。想像一下，你找不到皮包。這個例子的重點是你找不到皮包。你打開平常收納皮包的抽屜，卻發現不在裡面。這是你第一次找不到皮包，你非常確定前一天你還用來付錢。你的腦子一下浮現好幾種可能。你或許想著，皮包應該放在車上，去開車時就會知道是不是在那邊。你或許也會想是另一半跟平常一樣拿去上網買東西。但是你或許也會想，是你在購物中心被偷卻不知道，或者你遺失了，或者你留在購物的商場。這個例子的重點一樣：皮包不在應該要在的抽屜，但是因為你的詮釋不同，現實也非常不同。看你相信哪個版本，你可能感到十分焦慮，或者不會。你可能打電話掛失所有的信用卡，到警局報案，或者想著皮包就是在車上，照樣安心睡著。

你是怎麼思考皮包不見，就會怎麼思考人生的要事，比如愛情、工作或家庭，你的思考會決定你的人生、情感和心智健康。因此，一定要趕緊換個方式思考、考慮和分析，拿掉預設的框架，不帶偏見或定見。如果我們能改變我們的框架，知道自己什麼時候會因為恐懼、欲望、舒適感和錯誤的信念，扭曲了事實，我們將會往前邁進一大步，通向情感的自由。

思考一下，我們的心智大多數時候，就像一台大電腦運作。你是不是每隔一陣子就得更新電腦的作業系統？那麼，你也得更新你的框架、想法和信念，來合乎現實。的確，仔細思考要比你想像還要複雜許多。或許你的思考是正面、適當和不偏頗，但你依然得定時更新你的信念，即使你的信念並無偏頗，世界卻在改變，你不更新自己就會落伍，到時就會吃到苦頭。

行動

最後，要付諸行動。我知道這需要勇氣，並不容易。但不行動等於空談。邁出第一步是最困難的，但一旦做到，你就不會再停下腳步。

許多人遲遲不行動，都是因為自尊。他們知道該做什麼，卻無法去做。但我們倒是經常能好好勸其他人去做。我們非常清楚他們該做什麼、怎麼做，以及何時該去做，可是輪到自己，卻怎麼也辦不到。你知道為什麼嗎？因為我們提不起勇氣。我們把自己放在優先事項清單的最後一項，我們以為自己不重要，不配得到快樂，所以我們從不去追求。

有時候，我們不行動是因為我們感到害怕。害怕是正常的。我也會害怕。怕的東西還不少。害怕不是件壞事，它能讓我們活下去。事實上，我們的大腦雖然希望我們活下去，卻不管我們快不快樂。害怕很正常，但幸虧情感的力量的其中一種，你能把害怕化為行動，那就是勇氣。勇氣能給你足夠的動力，讓你可以超越你的恐懼。

想要行動，並不需要擬定行動計畫或工作計畫。重要的是，你要把正向的企圖心化為計畫，讓行動更加簡單。如果不行動是沒用的。光計畫卻不行動真的沒用。行動是整個你正在經歷的改變的過程的最精采點。想要治癒你的情感創傷，行動絕對是必備條件，不可缺少。

克服逆境的關鍵

我們每天都得以決定性的方式面對逆境，甚至一天好幾次。如果你擁有情感的力量，你可以自信滿滿面對每天的挑戰。情感的力量能讓你抱著夢想活下去，掌握人生的韁繩，決定你想要的目的地。

當然，情感的力量是你的最佳戰友。因此，我會認定這種力量能幫我們達到快樂，並保護它。當你投資自己，當你滋養自己的靈魂，當你鍛鍊你的情感力量，你就能以不同觀點來看待人生。當你發展出你的情感力量，你會感受自己比以前堅強，用不同的態度評價你的人生。

當你評價自身遭遇之後，比方說你的經歷或是體驗，你就能分析並抵抗逆境。當你發展出你的情感力量，你就不會再倉促下決定，因為你不會用糟糕的態度，你不會陷入悲傷或自艾自憐的狀態。只要知道自己的強壯，你會仔細分析你的遭遇，做出最好的決定，如此一來，你每天都能以最佳狀態來對抗和處理你的人生和伴隨而來的逆境。

好好地感受自己的堅強吧！你擁有克服任何人生道路上的挑戰或逆境所須的一切。此外，你已經完成最困難的部分。到目前為止，你已經分析你的遭遇，你了解你所發生的事，你也從經驗學到教訓。該是修繕碎片的時刻了，再拖下去是沒有意義的。

不要孤軍奮戰

不要孤獨過日子，不要默默過日子。不要不好意思。有時我們孤軍奮戰是想保護自己。我們以為如果沒有人知道我們的想法，就不能傷害我們，但是一旦孤軍奮戰，也等於放棄學到正面的經驗和重新打造的機會。孤軍奮戰永遠不會是解決辦法。孤軍奮戰，就是削弱自己的力量，而力量薄弱，會讓你感覺無法克服逆境，因為你須要拿出最好的一面、所有的情感力量，以及你的辦法和本領來應戰。不要築起高牆保護自己，因為這樣一來只是讓自己孤軍奮戰而已。

重點筆記……

- 你擁有重建人生所需的一切，但是在這之前，你要先連接情感的力量。
- 情感的力量是克服人生逆境和挑戰的關鍵。
- 任何一種力量，都是可以學習並發展出來的。
- 有些逆境的起因，可能是我們須要改善某些情感的力量。
- 為了克服逆境，你須要拉開距離，用不同的方式思考，最後行動。

第十二章　修繕碎片

祖繼忍不住浮現笑意，他知道他不是修理碎片……。他手上的可是更高層次的工作，他可是正在修繕一個漂亮的茶碗。

是修理，還是修繕？

修理跟修繕是不同的。修理是個快速的動作，甚至要靠運氣，我們的目的是讓壞掉的東西還能再用，不管其他要求。可是當你修繕一個東西，你不只懷著愛，還有學到的教訓，最後的結果是個新的物品，擁有新的生命，要比之前還要強壯和美麗。

我們要修繕碎片，但我們要專注在我們喜歡的部分，而不是痛苦的部分。該是往前看的時刻，抬起頭，注意目標。關鍵在於，當我們修繕同時，也在定義我們的未來、目的和目標，鼓起勇氣對抗我們的恐懼。修繕碎片是一場測試勇氣的試煉，這意味著你要能夠承受有可能再摔碎一次。

害怕再一次跌倒

同樣的痛苦可能再一次席捲而來，這種可能性一直存在，可你知道不管再摔碎幾次，你都會再修繕一次。你具備再造的天分、重生的本領，學習以及從灰燼蛻變成一個更強壯更聰明的自己，這是你所有的最好動機，你能淬鍊你十分需要的自信。

治癒感情創傷的十五個辦法

接下來，我會提出十五個幫助你修繕自己的辦法。跟隨所有步驟，一個接著一個。千萬別跳過任何一個，打好堅固的地基很重要，你才能安心重新打造你的真實世界。

一、不要逃避逆境

逆境一直在等待你，呼喚你的注意，乞求你來處理；除非你願意動手，否則它不會消失。我們以為時間會治癒一切，我們想像總有一天，我們的問題會像變魔術一般消失不見。當然，你可以這麼相信，但我的忠告是在奇蹟還沒降臨之前，你要以積極的態度解決逆境。

不要假裝沒看見顯而易見的東西，不要小看你的遭遇，不要忽視逆境帶來的後果。你要重建自己的第一步是接受。別再逃避，停下腳步，轉個身迎向逆境，帶著堅定的決心替這個難過和痛苦的故事畫下句點。

別再逃了。逃有什麼用呢？別再假裝視而不見。該是你挺起胸膛，處理逆境的時刻了。我們要直接處理問題的根源，我們要注意跟逆境有關的情感，但是我們更是應該著手，擬定行動計畫，從遭遇學習教訓，在經歷變故的淬鍊過後變得更加堅強。

二、別孤軍奮戰

我們總是單獨面對問題，也因此我們失去了觀點。跟你的朋友和信任的人談談吧，他們可以給你不同的觀點，擴展你的眼界。

逆境是個沈重的包袱，最好能有人陪伴在身旁。你可能以為自己很孤獨，但請你張大眼看看是否真的如此。我記得有個案例，有個男人對於女兒生病感到相當難過：他的妻子在知道女兒遺傳先生的疾病之後人間蒸發，丟下他們父女孤單兩個人。於是這位親愛的朋友陷入憂鬱，難過妻子無情的遺棄，自責他的病是遺傳性的，以及心疼他的小公主受苦。他感到孤單，一個人孤軍奮戰。他把全副心力都放在女兒身上，與所有的人都斷了聯繫。不久他的壓力幾乎到了滿載，但他還是孤單一個人，不願意見任何人。他感覺孤單，但他的身邊其實圍繞著可以幫助他也希望能幫助他的人。有一天，我傳給他一則訊息，裡面附上一個專門為他這種病的人設立的協會的網址。他心不甘情不願地到那個協會一趟。沒錯，他終於替他的困境做出最佳決定，他在那個協會認識了跟他有同樣問題的人，他不再感到孤單，開始克服這個顛簸的狀況。

別忘記，你不是孤單的。我不否認，或許你感到孤單，但我確定，你其實並不孤單。

三、別掉入束手無策的陷阱

有時我們以為自己心有餘而力不足，我們忘記了總會有一條出路。當我們掉進束手無策的陷阱，我們的理智會被遮蔽，無法靈活思考可能的解決辦法，最後只剩下唯一的選擇：逃避。

或許你感到迷失或者快要無法承受，但這個狀況就跟登山一樣。當你迷路，絕不能呆坐著等待奇蹟降臨。如果有一天你在山裡迷路，我的最佳建議是你要找個高聳的標的，往那邊前去。你要看著標的，直接過去，你會知道早晚會遇到一個可以為你指出方向的地點。總會有出路的，即使不是那麼明顯，也不是那麼容易或者很快找到。但你永遠不要放棄尋找。

四、每一次的逆境就代表一次改變

或許你在人生道路上會遇到暫時的改變，但有時改變可能一直持續下去。你要接受，並認識新的框架和新的面貌。尋找資訊、建議、專家的協助……。但你得更新你的參考框架。別再重複做著你在遇到逆境之前的事。你的現實已經改變，你得更新你在面對新的現實時做事的方法。別再一成不變，因為這只會讓你不得不放棄你的欲望，最好的選擇一直都是你要根據新的狀況，調整你的關注點、喜好和優先順序，注意逆境的影響可能帶來的決定性因素。

五、接受自己正在面對挑戰

挑戰就是挑戰。如果你懂得把問題變成挑戰，代表你會啟動你所有的情感的力量，把力量化作實現需求的動力。挑戰是正面的，是一種動力，而問題是負面的，會引來阻礙。不管如何，你得回應逆境，而這個答案要準確。既然已經掌握在你手中，行動吧。

六、把注意力放在長期

我們必須面對許多問題或必須處理逆境時，往往得做出一些決定，短期看來或許不太舒服，但中長期下來卻能有正面的影響。當你決定自己未來該是什麼樣貌，這就是最好的動力。勾勒一個讓自己充滿動力和渴望的未來吧。不管你遭逢什麼，重點是你能做什麼，但是想要成功，你要先治癒你的傷口。卸下罪惡感的包袱，減輕你的負荷，踩著輕盈的腳步，往另一個美好的自己前進。

七、把能量集中在短期

處理逆境須要立即行動。你要先往前踏出幾步，先做出幾個決定。或許你感到茫然，但是正如《愛麗絲夢遊仙境》那隻兔子說的，當你不知道要去哪裡，任何一條都會是好的路。行動、做決定、分析狀況、學習教訓，以及完成你的角色。做點事吧，你會獲得小小的勝利，然後驕傲地慶祝你的成果。千里之行始於足下，所以別再拖了。

八、改變與接受

古羅馬哲學家皇帝馬可・奧理略（Marcus Aurelius）告訴我們，改變可以改變的事物，接受不能改變的，重要的是，知道如何分辨兩者之間的差別。面對現實，能改變就改變，如果無法改變，最高的智慧就是你要接受事實，這樣一來才能開始建立下一個全新的階段。

我記得一個例子，有個人在車禍後手部功能受到影響。他試過各種療法，他看遍專業醫生、江湖郎中和術士；他拒絕接受手部無法靈活動作的事實，他不願意根據新的需求調整生活。但是有一天他發現他不得不改變他的處理方式。或許有一天他的手能恢復正常功能，但事實上這個可能性微乎其微。他發現他得開始為他新的需求調整生活，接受他的手很有可能永遠就是這樣的事實。就在他接受無法改變的事實的那一刻起，他專注在自己可以改變的部分，努力提升他的生活品質。

接受的原因

面對不幸或逆境，有些人發展出一套接受原因。曾經缺錢的人，會偷搶。曾經受苦的人，會把痛苦用殘酷的方式轉移到其他人身上。曾經挨餓的人，可能會狼吞虎嚥囤積脂肪，為下一次饑荒準備。曾經失業的人，可能什麼事都願意幹，以免再一次被炒魷魚。

這些接受的原因看似不錯，事實上卻不是如此，只有短暫效果而已。其實這些原因無法讓人學習、成長和茁壯，反而阻止我們分析所有能做的，導致我們不經思考就莽撞行動。

我建議你分析你現在的行動，彌補你的痛苦。檢視一下吧，評估是否有意義繼續維持現狀。

九、剖析內心的對話

試試看，因為或許你現在不那麼有信心。你對自己說了些什麼？你怎麼看待逆境？你沒有理由無法面對逆境，但你只要不相信，就不可能做到，因此只能手足無措。如果你對自己投下不信任的一票，當然就不可能重建新的自己。

停下來分析你怎麼對自己說話，你渴望什麼，以及你的思考、行為和感覺，帶來了什麼影響。想像一下，你有一個孿生手足，你們形影不離，他不停對你說話，他對你吐露你腦袋正在想的事。所以他對你說了哪些事？試試看這個小小的實驗，你會發現你跟自己坦誠相見的方式是多麼重要。

十、傳遞冷靜和平靜

對於依賴你的人，讓他們看到你的冷靜和平靜吧，因為你可能正忙著處理你的逆境。此外，別忘記了，你的兒女並沒有你清楚事情來龍去脈，不知道你腦子想些什麼，也無法預知會發生什麼事；所以，為了處理安撫他們的不安，最好的辦法是讓他們知道一點消息，讓他們看到你的冷靜，以及動手處理逆境。表現冷靜的最好辦法就是感到冷靜，放輕鬆。我知道可能有點困難，但是試著放輕鬆，冷靜下來。要做到的最佳策略是，你知道你正在試著修繕自己和你的人生。

十一、自己做決定

有時我們為其他人放棄某些事情，這個放棄導致了消極的態度和推卸責任。想對抗逆境，你必須做出決定。有些決定會令人不舒服，我最好的建議是：由你自己做決定。因為這些決定會影響你的人生。我可以證明，有許多例子遇到逆境，是因為遲遲不做決定的後果。

因此，該是行動的時刻了。本書的第三部分，我會詳細解釋做決定的過程，但重要的是，你要檢視恐懼、欲望和舒適感扮演什麼角色，如何影響你的決定，因為這幾個元素可能決定了你的行動會有的結果。

十二、樂觀以對

別搞錯，樂觀的態度可不是愛幻想的態度。一個愛幻想的人以為，一切問題最後會像變魔術一樣得到解決，而樂觀的人知道態度是解決問題的一部分，自己能夠迎接一個個出現的逆境。或許悲觀和挫敗在你的門口徘徊；甚至不只一次。悲觀一直虎視眈眈，等待任何侵入你的生活的機會，並主宰你的思考。請悲觀的態度離開，不要再糾纏你，去找其他落腳的地方。

接受正在發生的事；其實你並不知道未來會如何。你沒有預知的天分，因此千萬別嘗試。如果你做了，別認為未來是負面悲觀的。總之，預知樂觀的未來能激勵人心。

十三、把逆境當做學習和重新調整人生方向的機會

有時逆境是因為運氣不好，但有時卻是某些行為、觀念和想法導致。或許該是改變你目前生活方式的時刻了，並做出決定。我們日復一日過著同樣的日子，卻沒發現我們有一堆可能有毒的行為，我們承擔無數不必要的風險，我們做出一堆糟糕的決定。如果我們能更注意自己的生活，就能掃除這些絕大部分的「無意義東西」。沒錯，關鍵是，

你要分析自己正在做、思考和感覺的東西有什麼意義。你正遭逢的逆境，很有可能是初步的信號，你得檢視生活當中「無意義」的東西，重新調整方向。

十四、找到情感的出口

如果你要紓解壓力和重拾力量，這是必要的步驟。你要振作起來，對抗逆境不只是一次的戰爭就能打贏。你得找機會體驗正面的情感，藉由這種情感能讓你振作起來，重拾你非常需要的觀點。如果有必要，也一併處理罪惡感吧。如果你已經準備好處理發生的事，並從中學習教訓，那麼對所發生的事是否感到罪惡感，並不重要。你可以把感受寫下來、講出來或畫出來，可是不要悶在心裡。也許這是一場漫長的抗戰，所以慢慢來，不要忘記休息跟享樂時間。尋找正面情感來平衡你的負面感受。

十五、不須承擔不必要的風險

我懂得謹慎。我們經常在設法走出逆境時迷失，不自覺就選擇了第一個出現在眼前的解決辦法。我們是有本領能握住燒紅的鐵釘的。當你痛苦時，任何辦法對你來說都是好的。但千萬別這麼想，因為不一定每個辦法都有效。想想看，當你處在不安和情緒激動的狀態，或許你的理智遭到蒙蔽，所以重要的是，你要非常小心每一個你要做的決定。你要思考和分析，但同樣地，有必要的事不要猶豫，要勇敢但不要莽撞。有時唯一的選擇只有面對危險。如果是這種情形，就面對吧。可是要清楚分辨何時你太過莽撞，以及何時你得要冒險。

到這裡為止，這十五個辦法將會幫助你修繕傷口和克服逆境。在本書第三部分，你會看到幾個不同的真實案例使用了這些辦法。

培養耐心

拾起你的所有碎片開始修繕，但畢竟經過這麼多的痛苦，這不是一天就能完成的事；你得要持續下去。同樣地，我們也不可能因為節食，在一天內就減去體重。也不可能一天就完成跑馬拉松的訓練；沒有人能在一天內蓋好一棟屋子……。偉大的成果通常需要時間，所以檢視你的自己的期待，培養你的耐心。

痛苦的架構說明了傷害從何而來

你遭遇的打擊，決定你得修繕幾塊碎片。想像一下早上七點你剛起床。你泡了一杯牛奶咖啡，走到飯廳準備一邊安靜地讀報一邊享受一頓早餐。當你正要把杯子放到桌上，你估計錯誤，杯子摔到拼花地板上，地板承接了摔下的力道。現在你想像一下同樣的場景，但這一次杯子摔下的是冰冷的石頭地板。接著你再想像一下，你絆了一跤，杯子飛了好幾公尺遠，於是杯子裡的汁液灑到沙發上，灑上你頭上的牆壁，然後掉到石頭地板上。你在第一時間對發生的過程的解釋（我摔掉咖啡杯），跟後來的結果和影響一點關係也沒有，因此修繕發生的事依照情況不同，結果也非常不同。在第一個情結只要把潑灑在地上的咖啡牛奶撿起來；在第二個例子也是，但我們要把這個摔碎的杯子變成我們的收藏，在第三個例子，我們要加一面等著塗鴉的牆壁和等著清潔的沙發。

因此，聽聽別人可能給你的建議，但是你要有信心，參考就好，因為你的經歷，可能須要你換一種方式來修繕自己，跟別人給你善意的建議方式並不相同。

不要隱藏你的痛苦

我們感覺受苦的人是脆弱的。這個社會對於受傷的人給予的評價是一個大「X」，彷彿他無法擺脫他的痛苦。受苦的人被一大群人指指點點，但這些人其實也在受苦，可是他們只是不想說出來。當你指著其他人的痛苦，將他們視作軟弱，似乎像是你在說服自己是偉大的，但其實不是如此。

不要隱藏你的痛苦，不要因為感受感受到羞愧。你一點也不脆弱，相反的，你比那些把你當成膽小鬼的人要強壯許多。不要刻意忘記那些正在乞求你注意的東西。我知道要分心很簡單，我知道你可以找許多理由別開臉，可是你得停下來，別再隱藏痛苦，你得找到根源，修繕破碎的部分。

我們經常感覺不足，總是憂心忡忡地尋找缺少的東西。真是錯得一塌糊塗！問題是我們拿物品、成果、勝利和地位，試圖掩埋這種痛苦；但我們若不接受改變，痛苦不會消失。我們生來並不是枯等有一天變得完美，而是在人生過程中做出決定，連結我們情感的力量，享受當下。

重點筆記……

- 不要逃避逆境。
- 不要孤軍奮戰。
- 別掉入束手無策的陷阱。
- 每一次的逆境就代表一次改變。
- 接受自己正面對挑戰。
- 把注意力放在長期。
- 把能量集中在短期。
- 接受與改變。
- 剖析你內心的對話。
- 傳遞冷靜與平靜。
- 自己做決定。
- 樂觀以對。

- 把逆境當做學習和重新調整人生方向的機會。
- 找到情感的出口。
- 不須承擔不必要的風險。

第十三章　美化你的傷疤

祖繼的手指仔細撫過茶碗上的每一道疤痕，這些塗上金漆的裂痕正訴說著修繕過後重現的價值。

我的全身上下都是傷疤。有一天我不再去數，說不出總共有多少道縫上針腳的傷口。我也說不出每道傷口從何而來，但是我並不會為任何傷口感到羞恥。我的每一道傷疤都代表一次意外或者一次粗心，全都讓我從中學到一些教訓。有一些是三十年前的老傷疤，有些是幾年前的。

我記得頭上的其中一道傷疤。這道傷疤直到不久前還看不見，但隨著頭髮越來越少，也就露出來見人了。這道傷疤是來自遙遠童年一次夏季露營的遊戲。每天晚上我們都會玩獵捕其他隊伍旗幟的遊戲。我們分散在山上的每個角落，我們得想辦法避開被對手的手電筒照到。嗯，我只記得當時看到一個競爭隊伍的孩子，我跳下了一個洞，然後不省人事地躺在地上，我不知道躺在那邊多久。但我從這道傷疤學到，如果我不確定往下跳會是什麼樣的地面，不能就這麼莽撞地跳下去。這個結論不是一下子學到，而是慢慢長大後體悟出來的。每天進行治療時，我都會給自己時間思考，並學習教訓。

我還有一道嚴重的傷疤，這條疤痕非常大，佔據我的後背三分之一的面積。這是因為很多年前一次騎單車摔倒。我記得太太替我治療傷口時，女兒正睡在搖籃裡。每一天，我都會在治療傷口時，分析這個意外。總之，這都是因為我決定騎單車上山，卻沒戴墨鏡出門，那是一副有度數的墨鏡，沒戴根本看不見。就這麼簡單。當時我摔壞墨鏡，要等兩個禮拜。但那個倒楣的日子，我高估自己的能力，決定就算沒墨鏡也要騎單車上山，結果發生了注定的意外，我摔車了。

我從自己的每一道傷疤都學到一些教訓。我不會浪費每次的受苦，我總是會利用機會成長。但是我可不只有身上有傷疤，我的心也布滿傷疤。我們心理學家也是人，而且我們是一群特別敏感還冠上專家頭銜的人……。我是這樣的人，但也跟平常的人一樣會受傷。

我是個非常敏感和能感同身受的人，這也是我工作的利器，不過我有一小塊肥沃的心田，任痛苦在這裡隨意扎根。從童年、青少年到成人，從個人生活、家庭生活到工作生活，我都有傷心難過的時刻。我難過，是因為幫助一個遭父親性侵的四歲小女孩我難過；我難過，是因為每個病人的遭遇；我難過，是因為人生有些突如其來的轉折點，或許你也正為著同樣狀況難過。

但我可以說，我的靈魂的每一道傷口都癒合了。這不是偶然。是我治癒每道傷疤。我先清潔、去除髒污、消毒和治療。當你努力消毒身體的傷口，以免遭到感染，你也得這樣處理情感的創傷。

我經常會把傷口再打開一點，徹底清除髒污，分析疼痛的原因，忍受酒精消毒引起的灼熱痛感。有一回我無法自行處理傷口，只得求助我的另一半露莉亞（Núria）幫忙。她會幫我檢視狀況，替我塗上消毒水後吹氣，減少我的灼熱痛感，她也在我心靈受傷時伸出援手，讓我的傷口慢慢癒合。

我不會為心靈的傷疤感到羞恥。任何一道傷疤都是曾經付出代價的。所有的傷疤都讓我學到一些該學的東西。然而，要從痛苦學習，就需要相當的謙卑、仔細剖析、拉開一點距離，以及從多方面來思考。

現在，要是你敢說身上或靈魂只有一道傷疤，我會說這絕對是最差勁的謊言，或者你正在自欺欺人。要談傷口或傷疤，自欺欺人不是好的方法。或許你以為已經處理好傷口，難免還會感染或者時間會治癒它。但請你檢視一遍這種錯誤的想法，可別把你的健康和治療交給命運之神。

當你學會了古老修繕藝術的原理，應該檢視你的疤痕和傷口的時刻了。如果過去的傷口依然隱隱作痛，那是因為還沒結痂，很抱歉，你要換個處理的方向。讓我們來清潔還沒結痂的舊傷口好嗎？

或許你過去曾痛苦萬分。或許這種痛苦不分日夜跟著你很長一段時間。我了解什麼是徹夜未眠，能感覺痛苦緊緊勒住靈魂。我了解什麼是感覺喉嚨卡了東西，就要窒息卻又得強顏歡笑。我了解什麼是不得不擦乾眼淚，抖落灰塵，拿出最堅強的一面回到競技場上。

有些痛苦會滲入你的世界，不讓你思考、睡覺或過日子。我們該拿這麼沈重的痛苦怎麼辦？目前還沒有相關的確實研究，所以讓我來以個人經驗和工作經驗談談，這些經驗也幫助過上千個人處理他們的痛苦。

當你對一切感到痛苦，最好的辦法是打造。打造、創造。你需要一個計畫，處理過去的痛苦，進一步化為美麗的回憶。當你擁有某些觀點，當你拉開情感上的距離，這一刻你就能夠重新詮釋你的遭遇，美化你的傷疤。

集中你的注意力打造新的生活，一個屬於你的真實生活。卸下困住你的盔甲，褪去身上焦黑毀壞的外殼，讓過去成為過去，著手打造新的事實，你可以選擇你要和你希望看到的生活，打造新生活須要努力，可是這是個迫切的代辦事項。

不凡的人

不久前，我認識了拉莉・雷沃（Lary León）。我們兩個都曾是促進福祉與幸福的權威代表會的起草人，還創辦《福祉目標》（Objetivo Bienestar）。我得承認我非常喜歡她的活力、精力和她樹立的典範，特別敬佩的是她那打造所希望的生活的本領。

拉莉天生沒有兩條胳膊，也缺了一條腿。她不是個正常的人。但是真的有正常人嗎？我們不斷被教導成為正常的人，的確有很多人成為這樣的人……。可是，「正常人」是誰？是去做正常事情的人？那什麼又是「正常事情」？

拉莉會做一堆正常的事。她會梳頭、描眼線、化妝、寫字，甚至在奧德斯媒體基金會（Fundación Atresmedia）主持一個頻道。她每天早上起床然後去上班。她甚至跟其他人吃一樣的食物。那麼，如果拉莉會做正常的事，她是個正常人嗎？當然不是！她不是個正常人。儘管她認為是個正常人，我依舊不認為她是。拉莉是個不凡的人，她超越她的真實生活，打造了一個比預期還要更好的新生活。她從還是個小女孩就打造了這種新生活。此外，這個生活讓她得以用所須的角度來詮釋她之前的生活。拉莉喜歡想像她重生為美人魚，她的手臂是魚鰭，她的腿是魚尾巴。

我說過我們把生活看得太嚴肅嗎？對，凡事不需要認真詳細的解釋。開心玩耍，把力氣留給真正重要的東西。千萬不要喪失你的幽默感，藉著幽默感你才能拉開所須距離，用某些角度分析你的遭遇。

親愛的拉莉，我很感謝我們相遇的那天，因為我相信妳來到這個世界是為了不讓任何人變得冷漠。

你不再是個孤立無援的孩子

讓我們回來談孤單的孩子。如果這是你的情況，你得了解你可以幫助成千上萬個孩子，在成長過程缺乏關愛的孩子。因為你不再是當初那個孤立無援的孩子。那段時間已經過去。此外，你其實並不是孤立無援，你只是需要連結你的情感力量，健康均衡地成長。

你的故事不只是個孩子的故事，而是個英雄的故事。你是個超越和管理自我的範例，這就是你應該要對自己有的印象。你體驗過一連串經歷，你超越自己，發展出最好的特質。我們就是在逆境看到自己的真正面貌，和我們未來的面貌。你曾想像你的經歷可以幫助多少人？

如果你是個曾遭虐待的人呢？你要打造新的生活。你已經不是遭到那個自私的壞蛋虐待的弱者。此刻你已經自由，能忍受最糟糕的謾罵，你跨過了那個階段，離開從前那個複雜的狀況，變得茁壯。

如果你曾受病痛折磨，或者為殘疾所苦呢？你不再是個病人，也不再是殘障人士。

千萬別把你的身分跟身體條件和暫時的健康狀況連結在一起。你不只有病痛，還有更多東西。然而，除非你相信，否則你不會改造困住你的生活，也無法打造新生活，失去成長和獲得圓滿生活的機會。

人有千百種，世界也一樣。每個人都有自己的世界，自己的生活。我們演出自己的劇本，根據我們的恐懼和利害，給予生活意義。但有時，有些人強要替我們打造他們的世界，要我們生活在那裡，我們於是相信了他們，卻不知道我們隨時隨地，都能打造屬於自己的世界、生活。

別忘記，沒有所謂「特定」的世界。只有你的世界、我的世界、他的世界……。除非我們能夠打造自己的世界，其他人也能打造他們的世界，否則我們是無法了解其中的意義。

當回憶還淌著鮮血

或許你已經打造了屬於你的新生活，成為真正的你，而不是那個你以為的自己。我知道你費了一番苦功。最後你改造自己。你的傷口結痂了，留下的是證實你的情感力量的美麗疤痕。

你的人生一直平淡無奇，直到突然間一個來自過去的事件，觸發曾經困住你，讓你動彈不得的回憶。或許你現在過得很快樂，這是你好不容易得到的生活，但可能某個人的看法或是某件事的回憶，讓你再一次回到曾經歷過的生活。或許挖出了某個你以為已經埋葬的東西。有時，回憶會不經我們同意闖進我們的生活。可能是一記眼神、一張照片、一次談話或一個動作，帶我們返回受盡痛苦的時間點。有時，許久前經歷過的殘酷冷漠的事件的碎片來到我們門前——不要擔心，你只要接待、詮釋，最後再送它到門口。不要害怕。不要逃避。不要以為自己往後退了一步。想想看，我們的大腦會注意一些我們自己沒察覺的東西。我們的大腦一直都在運轉，甚至經常同時處理很多資訊。

也許你會在某個時候面對曾傷害你的人。你要準備好，因為隨時都可能發生。面對曾經折磨我們的人，感到緊張是正常的反應，可是同樣的，當我們感到壓力，我們知道自己能不受他的影響，他不能對我們怎麼樣。

當你忐忑不安，記得看看你的傷疤，你會得到需要的安全感。你持續不斷調整自己，希望不會是最後舊傷疤再次被掀開。當你面對曾讓你痛苦萬分的人，不要低下頭，不要垂下目光，不要改走別條路。你只要繼續往前走，抬起你的頭，相信自己能克服逆境，重拾碎片進行修繕。抬頭挺胸往前邁進吧。你將克服困境，誰都不能奪走這份榮耀。當你經過那個人面前，可以視而不見或跟他打招呼。你想怎麼做都可以，可是當你決定怎麼做時，要清楚知道你做的不是壞事，放心去做吧，因為你不再是他認識的那個過去的你。

當你摔成碎片，會留下痕跡，可是這不意味你已經不完整。不管是回憶再次糾纏或者你看到不想再見的人，你都不應該感覺自己軟弱。

美化你的傷疤

別為你的傷疤感到可恥。別企圖遮蔽，也別隱藏。你該做的反而是美化，因為傷疤是證實你的勇氣的最有力證據。金繕師傅從不掩藏那些送來修理的作品的裂痕，反而使用引人注目的金漆或銀漆來刻意強調。

一件摔碎的瓷器，是證實它脆弱本質的活生生證據。一件瓷器修繕後，若看不出修補痕跡，無法向我們證實它的所有價值；這份價值是來自經歷逆境後重建的能力。金繕師傅清楚這一點，他們希望尊重一件重生的作品的重要價值，也就是它的裂痕。有時，傷疤難免出現，但是要看你怎麼以尊重的心對待，以及如何去美化。

我們美化過後的傷疤，能給我們所須的力量繼續活在這個我們喜歡的世界，活在我們選擇和建立的世界。有時，我們可能感到迷失、失望、缺乏勇氣，或者僅僅是疲累。這是可以理解的。建立一個新的生活並不容易，特別是當你受盡折磨而感到筋疲力竭的時候。

別忘記，你可以在你的傷疤，在這個證實你的堅強的證據，找到你在面對一團亂時所需要的一支定心錨。從你美化過的傷疤，尋找你需要的動力，讓你與眾不同的能量，以及你總是一直擁有的勇氣。

把你的痛苦變成教材

談到逆境，我想告訴你，最後不一定都是負面的影響。你受傷了。我知道這並非你所願，你什麼都沒做，不該有這樣的遭遇。何必死鑽牛角尖！重要的是你受過痛苦，但同時你又能打敗這種痛苦。你征服了痛苦，你能重建你的生活。當然，我知道這並不簡單。

你的傷口會留下影響，但不是全部都是負面的。你受過傷害，因此變得比較敏感，比較能體會其他也受了傷的人。我鼓勵你把你的痛苦變成教材，因為你能把豐富的經驗教給其他人。你經歷了摔碎、重建，你的傷疤是讓人學習的最佳例子。這是一個克服困境的真實案例。有時，我們把目光聚在那些經歷大風大浪和走過艱難困境的巨人，跟他們相比，反而覺得自己太渺小，因而失去意義。

逆境的出現

我記得我曾參加為期幾天關於心理學和運動效益的研習活動。輪到我之前，我仔細聽著一位登山家敘述他如何克服無數的問題和困境。一天結束之後的晚餐時間，其中一個參加者跟另一個激烈辯論：「某某可真是個超人，你看他解決多少問題，簡直是個征服困境的典範吧。」

他這份肯定只有一部分是真的，我跟他的看法大相逕庭。這位某某先生有自由選擇的權利，能決定要不要闖進逆境。很抱歉，這對我來說並不是個征服困難的有效例子。說清楚一點的話，是絕不可能是。這主要有兩個原因。第一，是因為他的冒險是出於自願，經過準備、計畫跟武裝，他面對的是自己選擇的逆境。同樣地，他也能挑選想要的時間點，即使放棄也不會有太大影響，頂多惹來其中一個贊助者氣得跳腳。第二，是這位知名的登山家在慷慨激昂的演講中，所做的只是把他能遇見的結果說成他所謂的逆境。換句話說，在高山上遇到暴風雪是可預見的，並不是逆境。同樣地，你在五千公尺高山上無法睡覺也是可預見並在預期中的，所以不是個問題，這些只不過是一場經過籌劃的旅程令人不太舒服的結果之一。因此，如果我們搞不清楚逆境和刻意的行為引起的後果，那就是大錯特錯了。

夠了，別再貶低自己，以為自己對周遭的人無法有什麼貢獻。我們每個人這一輩子都有一個使命。我們來到世上是為了盡綿薄之力。我們都得賦予自己的人生一種意義。但是別忘記人生不只有一種意義，而是在不同的階段有不同的意義。

那麼你受苦的意義是什麼？至少有兩種。首先，你在經歷痛苦之後會成長茁壯，不會再那麼無感。這時你更能繼續往接下來的人生道路邁進。你更認識自己，你成熟許多，也多懂一點方法。但是除了成長茁壯之外，此刻你還以過來人身分，能教導其他人跟你一樣。

我們不需要碰觸火焰，就能知道那會燙人。我們不需要把腳伸進山裡的湖泊，就知道湖水的冰冷。同樣地，我們不需要嘗試穿越某個特定的逆境，才能成長茁壯。你的珍貴經驗能幫助身邊的人。首先，這是因為你能提供他們工具，幫助他們學會分辨他們的遭遇，甚至可以預防。你有許多可以幫助他們的東西，比如教他們在太晚行動或者事情惡化之前，看清楚有哪些顯示變糟的跡象。但是你也能教他們處理、對抗逆境，讓生活回到正軌，你是他們身旁的範例，讓大家看到不一定非得要是超人，才能熬過最深沈的痛苦。

你知道人生道路上有未來和希望。你就是個活生生的案例。我鼓勵你美化你的傷疤，教導他人如何復原，以及用最平常但有效、真實的方式走過逆境。

把你的痛苦化為藝術

有些人相信，藝術的誕生，來自藝術家墜落痛苦深淵最底部的那一刻。我們可以列一長串清單，有哪些藝術家從藝術發現征服自己痛苦的方法。就讓我們從芙烈達・卡羅（Frida Kahlo）開始，最後以達利畫下句點。藝術，不管是透過哪一種方式呈現，都是一個最佳工具，把文字無法描述的感受詮釋出來。當我們專心創作雕塑創作，我們可以從適當距離，以全新的觀點，剖析我們感受的痛苦。

禮拜四的藝術課

二〇〇九年，我的妻子露莉亞替帕氏金森症病患設計規劃了幾堂「療癒課程」。課程的主旨是提供以處理疾病以及正面情緒的工具，減少或安撫生病引起的負面情緒。

我特別記得其中一堂，我跟她都很擔心這堂課的主題：有些學員認為他們無法表達情感。來參加的人幾乎都是長者；半數約七十歲。其中絕大多數是男性，想像一下，要一個七旬的老先生試著在二十個人的團體前掀出心底最深處的情感，這是不可能的！

但是我們非但不能退卻，還得要替我們感覺到的每一種情感取名，當時露莉亞靈光一閃：「我知道了。」她說。「既然他們難以啟齒，就把情感畫出來呀！」她說完立刻去做。那個禮拜四，我們拿著一卷二十公尺的白紙、畫筆和顏料，再一次革新禮拜四的課程。我們在每面牆上貼上白紙，擺放著各種顏料的畫盤，在整間教室分發不同尺寸的畫筆。

最後的結果十分令人感動。每個學員沉浸在作畫，透過藝術宣洩他們的痛苦、情感和焦慮。有人畫了一個黑色螺旋，有人畫大海，或者有人只是很簡單地混合顏料。圖畫的藝術質量、比例或美感一點也不重要；是美是醜不重要。我們要的是從學員的畫分析他們的各種情感。

可是，我不是個藝術家呀？別告訴我你問過自己這個問題。這是非常糟糕的問題！發現了嗎？你貶低了你的本領和能力？什麼叫藝術？要評價藝術很簡單。如果你不相信，可以想想當代、古典或是街頭藝術作品。藝術千變萬化，正如藝術家有多種面貌。彩繪、素描、縫製、設計或者創造。不管你選哪一種都是藝術創造。動筆畫，不要擔心比例，或者是美是醜。創造抽象藝術吧！

寫。寫是其中一種比較有療癒效果的練習，你可以為了非常多理由而寫。動筆之前，你要整理你所有的思緒、憂慮和問題。寫，可以解放你的靈魂和心智。只要你把腦袋和內心的東西呈現在紙上，立刻會收到抒發的效果。

建造。拿著桶子、鏟子和抹刀到沙灘上創作沙雕。素描和彩繪，向你的孩子借樂高組合東西，不管是什麼都好。到手工藝材料行買你想到的東西。開始打毛線、設計珠寶，製作項鍊、串珠手環，送給你的朋友。替花園的灌木圍籬修剪藝術造型。規劃一個花壇，種植七彩繽紛的花朵。拼拼圖或者完成一幅拼貼畫。你可以烘烤糕餅、甜點，摺紙或模型。徜徉雕塑世界，設計衣服，製作你自己的衣服或染色T恤。還要多說嗎！想做什麼都可以，只要能給你動力，讓你感到滿足。

透過藝術管道，替你的痛苦找到出口啊。把你的痛苦化為某種美麗的東西。美化你的傷疤，讓你每次看到一道道的傷疤時，你會感覺自己成長茁壯，更有自信。

重點筆記……

- 重要的不是你遭遇什麼，而是你要成功克服。
- 傷疤能提醒我們是堅強的。
- 你能從每一道傷疤學到教訓，再轉為教材，供其他跟你有相同遭遇的人學習。
- 化痛苦為藝術。
- 打造新的生活。
- 別為你的傷疤感到可恥。

第三部

備前燒，堅持的藝術

我鼓勵你描繪一個全新的人生，一個痛苦過後再造的新人生，一個你將會更加茁壯的圓滿人生，以及你在想像過後著手打造的新人生。

我知道這並非不費吹灰之力，因此，讓我來舉些真實案例，幫助你、鼓勵你、帶動你。現在你知道自己該做什麼，你認識所有的理論和方法，但是我邀你起而行，並加以落實。

第十四章　備前燒，堅持的藝術

思考能改變人生

人類是習慣性動物，因此對於自身的本領似乎感到不自在，例如不可思議的適應力、打造理想環境的創造力、實現夢想的實力，重生和蛻變的不凡能力。我們寧願守在熟悉的角落，緊抓著深植在靈魂深處的習慣，這些習慣變成了慣例，像一支在躊躇不定時穩定作用的船錨，一座指引我們航行在險惡的、陌生海洋上的燈塔。習慣給我們絕對的安全感，讓我們以為自己是脆弱的，能力有限。

我們往往依據想法過生活。我們的大腦是我們最寶貴的資產，最有力的夥伴，我們沒發覺它不停處理資料，再根據幾萬筆的資料，指示我們應該有哪些動作、情緒、決定、幻想、夢想、希望和恐懼。我們的大腦不經同意代替我們做決定，一天上千次。而這些決定形成我們的現狀、人生和未來……，我們卻不知道。

我們總是從注意到的東西來思考。我們的感官抓住所有我們想要的訊息，傳送到大腦處理、加工，盡可能做出最好決定。沒錯，你沒看走眼，我說的是「我們想要」的資訊。不是，這不是我們的錯，也不是這本書印錯需要勘誤。我們的感官只抓住我們想要的訊息，或者說是大腦要的資訊。

選擇性注意力，是一種經過多方研究的知覺歷程（proceso perceptivo）。我們的眼前有數百萬種刺激，我們無法全數處理，於是大腦派任感官來主導。首先，我們的焦點會落在所有能給我們安全感的部分，知道至少有一點保障之後，會根據我們的興趣、喜好、信念、恐懼和希望，來過濾我們接收的東西。當你剛開始留鬍子，你會選擇性注意留鬍子的男人；當妳懷孕，妳會看到怎麼街上那麼多孕婦；當你想換車，你在街上只會看到你想要的車款；當你認為人來到世界上就是注定受苦，這輩子你的眼中只有那些飽受折磨的靈魂；當你認為你得奉獻，你會看到的是如何貢獻自己的機會，所以我們接下來要來看一份長長清單上的例子。

這絕對不是知覺的錯。我們的知覺有它優先處理的順序，但是在這個順序之外，會以選擇比較符合我們認知的事實為主，因此我們越是思考，越是有利。我們的知覺是以溫和的步調來處理，先過濾事實，取悅偉大的中控領袖，掌控一切的器官，也就是大腦。我們的知覺不是中立的，不具創造性，也不是主動的。而是一項工具，功能是服侍我們大腦，並維護它的利益。

我們也會從感受來思考。突然間，我們感覺一股冷顫竄過背脊，我們的大腦（又是我們的大腦）決定把這股冷顫轉為恐懼，這種恐懼就是從我們的感覺而來，它給予我們的知覺和思考一個參考範圍。原本不過是黑夜裡的影子，此刻變成可怕的危險；原本不過是屋內傳來的一般聲響，此刻卻變成可能的危險；原本只有寧靜，此刻卻變成滿滿的擔心和恐懼。

我們的感覺都是來自某種刺激，即使大多數時候，我們明白是情緒綁架了我們的自制和冷靜。有時刺激來自內在。我們可能因為耳朵疼痛或是消化不良，變得心情低落。有時是化學變化。可能小小劑量的咖啡因，就會引起我們的焦躁和不安。我們別忘記心智住在大腦裡，大腦又住在身體裡，倚賴血液提供食糧。

有時，光只是想像就能引起相當強烈的情緒反應，比如吃另一半的醋。其實我們不知道另一半正在做什麼，但我們可能想像他跟其他人在一起，這就足以破壞我們的平衡。你或許猜到了，我們也會以想像去思考。有時，我們的大腦混淆想像和真實。這種現象可以從很多事情觀察到。我們總是混淆客觀事實跟主觀意見，混淆幻想和預知的事實，混淆恐懼和真正的危險。

有時，我們故意忽略大腦的警訊，甚至想盡辦法欺騙它，讓它相信事情是照我們希望、想要、預想的方式發生。是不是真的發生又怎樣！我們一旦給大腦一個參考範圍，它就會根據我們的信念、想像和優先順序來思考。

我們會根據信念來思考。如果你相信人生下來就是注定受苦受難，那麼苦難就會一波波而來。如果你相信自己無法改善生活，那麼就會原地踏步不前。你相信的東西會影響你的決定、恐懼和欲望。你受困於你的信念。注意！這是多麼諷刺，你的信念是從你的想像生成，可能毫無根據。你在這一生，會陸續累積你的判斷、信念，以及片段的現實，最後這些東西形成你的世界，你的真實人生。在多數例子，我們的信念繼承自父母，或者跟朋友一邊喝啤酒一邊聊天而來，或者從商業電影或充斥大量虛構情節的小說而來，也就是說，我們的信念並不是根據證據，缺乏可信度和精準性。

我們的腦袋想什麼，就會變成什麼樣的人，因此若想要逆轉人生，勢必要得檢視一遍所有我們的信念，所有我們視作理所當然的東西。你的思考決定並主宰你的行為、注意力、決定以及事情的優先順序，總之就是操控了你的人生。想不想一起檢視你對真實生活的信念？我建議你先問自己幾個問題：你對什麼最感痛苦？你對什麼最感壓力？最重要的是，你為什麼還扛在身上捨不得放下？我們一定要打破砂鍋問到底，才會感覺到不得不改變人生的迫切。我們總是不見棺材不掉淚。我們受苦再受苦，假裝視而不見以及逃避，藉此不去改變、做決定和行動。

許多人改變，往往是等到忍無可忍。事實上，痛苦只是個提醒我們某個東西失靈的警告。痛苦警告我們得改變人生，再放任不管，情況恐怕雪上加霜。同樣地，身體的疼痛是警告我們得檢視關節，讓肌肉休息，情感的痛苦是告訴我們得停下來分析的生活，跟身邊的人的相處或者我們的目標。

然而，我們太常隱藏、拒絕或是忽視痛苦。彷彿我們只要不理睬，痛苦就不存在，但我們忘了痛苦是一帖讓我們繼續活下去的苦藥，我們可以接受並從中獲取成長的養分。但我們寧可服用止痛藥也不願意下決定。我們寧可視而不見而非面對人生。

有些時候，我們深陷痛苦泥沼，不懂掙脫、往前繼續邁進，從中學到教訓。我們不知道如何詮釋痛苦，我們不懂痛苦釋放的訊號，只是咬緊牙根忍耐。我們一輩子一直相信，人來到世上注定受苦，所以我們不想做點什麼，不想去處置。

你覺得最沉重的包袱是哪一個？或許還不夠沈重，所以你還沒發現應該要卸下？饒過自己，放下那塊阻礙你飛翔的壓艙石吧。我知道要改變看世界的角度以及互動方式並不容易，但是願意一試的話非常棒。想要成就好事，需要努力、勇敢的決定和專注的行動。

你看到了，你的思考能改變你的人生。但可別以為這是什麼神祕或神奇的事；總之，我們以及我們的思考不過是生物化學和電力衝動的組合。我們的每一個神經元都連結著其他神經元，再透過不同組合抵達我們身體的每個部位。每個神經元都會產生一種連結，最後影響我們的身體、知覺、情感和我們的行為。

你可能習慣了悲傷、痛苦、心碎，光腳踩在你的碎片上，你為了某件做錯的事，一直懲罰自己，但是相信我，你還有更多的選擇，其他種的生活。我鼓勵你描繪一個全新的人生，一個痛苦過後再造的新人生，一個你將會更加茁壯的圓滿人生，以及你在想像過後著手打造的新人生。我知道這並非不費吹灰之力，因此，讓我來舉些真實案例，幫助你、鼓勵你，帶動你。現在你知道自己該做什麼，你認識所有的理論和方法，但是我邀你起而行、並加以落實。光知道是不夠的；知識不會改變我們的人生，會改變我們人生的是行動，也就是運用知識。

行動

我知道行動不簡單，須要鼓起莫大勇氣，不一定會遇到恰當時間點，要費好大的力氣才能打破恐懼的藩籬，可是我誠心建議，你得決定行動並踏出第一步。我們總是預設可能會發生的事，但這不是真正會發生的事。我們的內心小劇場熱鬧揭開序幕，演出充滿恐懼的未來，我們相信自己辦不到，阻止自己踏出第一步這樣簡單的事。

因此，本書的第三部分集結一系列真實案例，他們的故事也是上千甚至上百萬人曾經歷的故事，或許你就是其中之一，這些案例能啟發你，讓你踏出對你來說是如此重要的第一步。他們曾經受苦，但成功拾起靈魂和夢想破碎後的碎塊，重組他們的生活和夢想。你會看到其中好幾個案例並沒有那麼複雜。你將在每一章看到一篇故事，對主角遭遇的詳細分析，以及根據我曾在《情感的力量》一書提出的方法的三大步驟來擬定計畫，這幾個步驟就是：拉開距離來看清事實、換個角度思考以及行動。

第十五章　修繕解雇的心情

案例一：做牛做馬，卻遭到資遣。

卡拉打開通知書，讀了一遍，然後坐下來。她的身體顫抖不止。她覺得兩條腿再也無法承受身體的重量。她的身體失去感覺。怎麼會遇到這種事呢！她手肘撐在膝上，手掌掩住了臉，她為自己感到羞恥。這股強烈、深沈總是虎視眈眈的羞恥感，終於淹沒她。

她感到傷心難過，因為自尊受創、因為挫敗、因為上當、因為痛苦。她一生都在追求美滿，但心願一再落空。她的回憶全蒙上悲傷的色彩。她已經好幾年不知道什麼叫生活。她為公司做牛做馬，可以說到了鞠躬盡瘁的地步。她總是把公司擺在第一。她記得總經理在她第一次參加的會議上說道：「我們想要負責到底和信守承諾的員工。」公司待她不薄。畢業後，她先以實習生身分開始工作，慢慢地她升官，得到其他職位，甚至成為馬德里區部門的主管。

多年來，她以工作為重。她的先生了解也支持她。她記得先生鼓勵她評估看看這是否真是她的理想職業，是否值得她如此燃燒自己。她記得她先生曾抱怨她忽視家人，以及她能擁有一個諒解她的另一半真是上輩子修來的福氣。她完全不了解自己的孩子。她的先生是中學老師，空閒時間比較多，因此負責打理孩子的大小事。他這個當爸的記得幾個孩子穿什麼尺寸、打過哪些疫苗、有哪些夢想或願望。她記得的卻是第一場會議、第一天上班的那個下雨的禮拜四早上、第一個客戶、第一筆訂單。一切事那樣美好。她記得自己終於受到肯定。或者是表面上受到肯定吧。如今，隔著一段距離檢視她的遭遇，她感覺像是被摑了一掌。她怎麼會這麼笨？

卡拉渴望認同、權力和地位，這些是她的公司用來跟員工討價還價的籌碼。她總有接不完的新案子，吸引她的注意，耗盡她所有時間。新案子總是需要許多時間和心力灌溉。而且得另外花更多時間學習無法掌握的部分。

時間。假使時間能倒流，她希望回到她最好的好友勸她應該要重新計畫人生當時。

她忽略了身邊的人的每一句苦勸。她忽略妹妹勸她分析她期待的未來。她忽略太多勸言，以及每一個指引她該做點什麼的信號：她的王國已經倒塌，她的工作績效已經被想得到認可的虛榮欲望拖累，只因為她期許自己更傑出，更優秀。但是，比誰優秀？她對自己說：「看看妳，妳太貪心了，現在妳一無所有。甚至比一無所有更慘。妳真是個愚蠢幼稚的小女孩。」

一股怒氣衝了上來，她撕破那封通知書。他們怎麼能在她窮盡畢生之力之後，開除她？他們怎麼能只是寄一封通知，而沒有當面跟她解釋？她不自覺地鬆開了手，那封撕碎的通知書掉落地面，她感覺她的心情、精力、未來、安全感和自尊心，也隨著信墜落。

卡拉為公司燃燒殆盡，卻以簡單一句財務問題遭到資遣。這跟她個人沒有一點關係，完全是因為結餘問題，儘管公司對員工的要求是盡責到底和信守承諾。真是個令人震撼的教訓！

卡拉的希望無聲無息地墜落地面，是那麼渺小、灰暗，摔成十六塊碎片，十六塊大碎片，每一塊代表她在這間知名成功的公司勤奮工作的每一年。

拉開距離

你也被命令捲鋪蓋走路？讓我們從各方面來看，以客觀方式來分析你遭到資遣的原因。

我們從頭開始。想像一下，公司以工作效率差的正當理由解雇你。這算正當的理由？我鼓勵你試著自我批判和分析原因。這件事遠比你想像重要。他們是以效率不足正當解雇你？別生氣，我經常跟企業客戶合作，我看過相當多試圖隱瞞自己無心工作的員工，最後他們拖累了公司，如果沒有上千或百萬也有數百個例子。或許你也曾看過這樣的客戶或同事。

你是他們其中一個，工作總是混水摸魚，貢獻越來越渺小嗎？如果是的話，沒關係。千萬別因此懲罰自己。人生給了你一個大好機會。讓你得以站在一面鏡子前審視自己，即時結束苦日子，別過著每天早上痛恨爬起來的生活，直到退休的那一天。有人說過，退休是使人痛恨自己的工作的發明。你現在幾歲？你在工作了幾年後開始討厭工作？聽著，你還是及早結束這個人生道路上的黑暗期，展開另一個新的階段吧。從你的遭遇學習教訓。跟自己坦誠相見。不要哭鬧。如果你的工作效率低落，很有可能是你的心許久以前就不放在工作上了。

你發現人生出現轉機了嗎？還是你想等老了之後變得討人厭，怨恨自己無法扭轉工作情形？我了解你害怕找新工作。我了解你討厭你的工作，絕不可能樂在其中；總之，你得花好幾年一直做著不喜歡的工作。我了解放棄優渥的賠償需要相當的勇氣；可是，請相信我，最珍貴的莫過於你的健康和快樂。大多數時候，公司與勞工都能在賠償部分得到雙方都滿意的協議。如果你上班總是無精打采，你認為待在目前的公司情況不可能改善，那麼就為這份工作畫下句點，談個不錯的離職條件吧。最珍貴的莫過於你能跳下床，渴望去完成讓你充滿想像和動力的工作。

此外，你的資遣也許附上一筆史無前例的賠償，讓你能安心地思考下一段工作生涯；因此，你得利用人生給你的機會，從你的錯誤學習，找到自己喜歡的工作。

公司的問題

但讓我們繼續剛才的話題。或許公司解雇你，跟你個人或工作效率無關，而是財務問題。這類的解雇不是針對個人，而是公司問題，所以不要當作是對你個人的冒犯。你不該感到自尊心受傷，因為這跟你的能力無關，別封閉自己，別讓自己深陷沮喪，否則要費好大的勁兒才爬得出來。以卡拉為例，她遭到解雇純粹是因為公司大幅撙節開支。她在公司工作將近十六年，可以想像她的薪水遠遠超過剛雇用的新人。

不論如何，你要好好分析這次裁員，如果不這麼做，可能情感受創的程度會比預期還要嚴重。讓我們來看看：遭到解雇的確令人傷心，畢竟這不是我們選擇的改變（除非是我們剛剛提過的因工作效率差被開除），我們受到打擊、人生變調，人仰馬翻。此外，解雇代表的是改變，是不確定的未來，但其實這是個機會。問題是我們總把這種改變當作是壞的改變。不要搞錯，遭到解雇只是一種前途未明的改變。

事實上，你並不知道裁員過後的人生，會比到現在好還是壞。

因此，讓我們用比較公平的方式來評估。你是不是感覺不太舒服？當然，沒有必要否認；但是這距離災難，還有一大段距離。我們再一次用不同角度分析這場意外。他們解雇你，或許是因為會付你一筆賠償金，好讓你能安心支付接下來幾個月的生活開支。不需要害怕！以我為例，我已經十六年沒有固定的收入也沒領過薪資單，就像世界上幾百萬的人一樣。

我知道陌生會帶來恐懼。我知道跳進無底深淵會讓你恐懼。誰不怕！但是錯誤的是，你並不是跳下無底深淵。你只是踏進在此之前全然陌生的領域。待會兒我們講到行動時會再細談，我會傳授你幾個祕訣，征服這個可以理解卻過於誇大的恐懼。

被冤枉

在其他開除人的理由當中，有一種特別讓人生氣，那就是遭冤枉。讓我來說說我當顧問那幾年的一次經驗談。有位女士雇用我當講師和顧問。眾所皆知，人經常接觸自然會有感情，我是個平易近人的人，跟她保持不錯的交情。有一天，那天是個不吉祥的日子，她向我介紹一個即將擔任她左右手的人。這個人是她親自挑選的。當她問我意見，我老實且溫柔地告訴她，我不看好這個人，這個人很危險，不會跟她相處太愉快。各位知道接下來發生什麼事？她對我發一頓脾氣。我一頭霧水！她明明雇用我當她的首席顧問，幫她分析最困難的案例、最複雜的活動、最敏感的情節，當我好意替她服務，她卻聽不進我的評估。要猜到接下來發生什麼事不難：這位女士把我的評估告訴「她的左右手」。後來，她的左右手奪得權力。於是他們不再跟我合作，幾年過後，就在我坐落在巴塞隆納的增進情感福祉中心開幕那天，這位客戶來看我並告訴我，現在她的左右手變成她的新的主管。真令人悲傷，這明明是可以避免的事。

沒錯，你遭到解雇有可能是受到陷害。親愛的，天真的你可別忘記你是在一個組織工作，在這兒資源是稀少珍貴的，換句話說，總是會有個陷阱，讓你學到教訓後成長茁壯。這是個悲傷但不爭的事實，光埋首工作不夠，我們得多花點時間保護自己，建立人際關係，以及表現我們的工作成績。你知道誰會陷害你？絕對是你最意想不到的人。所以不要偏執，但也不要天真，我鼓勵你適當警覺、保護自己，如此一來你才能專注在真正重要的部分、工作，享受你的成就。

我也認識一些人，是因為他人的恐懼而遭到開除。沒錯，有個人突然心中充滿恐懼，他感到遭受威脅，擬定計畫消除恐懼的來源，也就是你。或許你不是故意讓他感到恐懼，但他的上司可能在他的面前稱讚你，拿你跟他比較，或者他只是說你既勤奮又守信，但這就足以讓一個被害妄想症者如坐針氈，或許他因而說了你的壞話。這真是令人難過，他不設法有效紓解自己的恐懼，多加把勁，或從你身上學習，他只想消滅焦慮的來源，清除眼前可能出現的危險。我希望能警告你，告訴你小心這種人，少跟他打交道，可是這由不得你。大多數我們看過的下流行徑，我的客戶曾遭受的殘酷詭計，都是來自一種想像而且毫無根據的恐懼。我建議你不要理會也不須提心吊膽這類被害妄想症者，或者毒型人物故意對你造的謠。

你可能什麼也沒做，就有人把你當假想敵。嗯，如果你工作表現不錯又負責任，就會樹立幾號敵人。有個日本諺語說道，凸出頭的釘子容易挨鐵鎚敲打。因此，如果有人認為你凸顯他的平庸，他一定會想辦法對付你，號召同仇敵愾的戰友，絞盡腦汁想些惡毒的詭計，義大利哲學家馬基維利抬起頭，能再寫一本新書。對於此，你能做的有限，你不是專家，不會了解那些指控和搞陷害的陰謀；此外，你須要專注工作，完成你的承諾，交出漂亮成績，所以怎麼也無法完全提防偏執狂。

運氣不好

最後，還有一種不幸的理由。有時，運氣偏偏要玩弄你，改變你的人生。有時，你遭到開除純粹是運氣不好，是巧合；明明名單中有好幾個名字，偏偏選中你。就這麼簡單，就這麼殘酷，就這麼不幸。公司得裁掉三個領特定薪水的人，藉以警告團隊其他成員，或者決定出售公司，新公司決定整頓一部分人力。就這樣。可別感覺自尊受創，這與你的績效無關，不需要問為什麼；沒有為什麼，你不會找到答案。遭到解雇只是運氣不好。

到這裡，我們談到幾個你可能遭解雇的理由：績效差、財務危機、遭到陷害、恐懼或者運氣差。所有這些理由，只有第一個跟你有關；其他的關係不大或沒關係。因此，幫自己一個忙，千萬別讓被開除傷害你的自尊。

重點筆記……

- 千萬別讓遭到開除傷害你的自尊和自我概念。

- 分析遭解雇的理由，擺脫內疚和羞恥感。
- 從遭遇學習教訓，別再重蹈覆轍。
- 抖落灰塵，以更圓融的智慧搭配更多工具，重新出發。

換個方式思考

如果你跟卡拉同病相憐，我鼓勵你檢視一遍你對工作的期盼。對，我知道工作能讓一個人贏得敬重，而一份在知名公司受敬重的職位，代表你是人生勝利組，但這跟你的自我概念無關。問題就是這個，也就是社會地位的認同。這種清楚的社會地位認同會讓我們為了不丟掉工作，赴湯蹈火也在所不辭。我們為了公司配車，把靈魂賣給惡魔。我們為了薪資單上的數字，忘了生活的真諦。我們為了財務安全無虞，抵押了我們的夢想。我們為了達到工作環境的要求，終日昏昏沉沉，埋葬我們的天分和特質。當解雇如同一巴掌甩過來，讓我們大夢初醒，才發現我們只不過是一種生意關係上的籌碼，我們以工作換取金錢。

卡拉搞混了她以為的事實和真相；但是人生就是人生，不會是你想要的面貌。她誤以為在工作上持續投注心力，事業就能從此一帆風順；她誤以為燃燒自己，就能保證捧不破鐵飯碗，但是分不清希望和現實是非常危險的。四周出現的警訊早已夠多，但她不想面對事實，直到一切太遲。她有個清楚的目標，卻不曾認真看待。她想要出人頭地，藉由工作職位，證明自己是令人敬佩的重要人物，她做了以為對自己有益的事，但沒有計畫也沒管控。她想要超越父親的成就，超越她成功的家族，擊敗不停啃噬她的靈魂的幽魂。

該是說夠了的時刻。我們太過於自憐，夢醒後也哭得夠多了。掉進河裡不會淹死，除非不肯爬上岸。夢醒，我們當然可以哭，但是不能陷在無盡的哀傷裡。我們得繼續前進！好朋友一定會勸你：「繼續向前走！」

我知道這不簡單。我們不下決定，就不會有痛苦。反過來，做出困難的決定，比方接受事實和重新打造自己，一定痛得不得了，因為這需要相當的努力。你得說夠了，並搞清楚你正在做什麼，不要失去你的觀點，遺失目標。這全是期望的問題。如果你能了解工作的真貌，一旦遭到解雇，你就比較能接受突如其來的打擊，不會感到自尊嚴重受創，你能以最佳的狀態回到職場。

注意！要非常清楚。公司支付薪水換取員工的效力，因此我們在工作上，得專心一志，以最負責的態度，完成工作合約上的要求。然而，你不能把你的人生和精力都投注在工作上，否則生活會失衡。如果你想要快樂，就要在你的期望和生活之間取得平衡，遭到解雇那天，才不會陷入莫大沮喪。希望卡拉的故事不會在你身上重演。即使你是表現良好的員工，是上司信任的左右手，還是有可能隨時被迫離開；上司會玩弄你的罪惡感和恐懼，玩弄你在工作上的野心。

健康的人生應該是平衡的，工作、學習、玩樂、成長、去愛、笑以及跳舞，面面俱到，不要放棄活出人生，不要掉進瘋狂的螺旋，不要迷失也不要偏離方向。卡拉很幸運擁有另一半的支持，但不是所有人都有同樣運氣。我看過許多關係破碎的夫妻，看過為了幫忙馬拉松式工作的子女，不得不照顧孫子的疲憊祖父母，孩子們也一樣，他們是最無助的受害者，他們沒有安全感、迷失，找不到指引或是燈塔。

有時，工作須要努力。這時，得投注更多時間和精力在工作上；但要小心，因為投注更多時間，意味投入更多工作，同時也要小心所有的努力有開始也會有結束。如果你花了許多時間努力工作，或許你得停下來，檢視觀點，分析狀況和決定如何增編工作小組，重新調整工作量，評估你的能力，以便規劃、分析你的績效，或是檢視案子的交期。

另外，有人對工作不抱期望，他無法像你享受熱情，對他來說，上班不過是面對一連串問題，能撐一天算一天，直到殷殷期盼的退休那天來臨。這些人把工作當作獲取金錢的過程，之後把賺來的錢隨意花掉，補償工作引起的負面情緒。注意，這是毒性最強的循環：做自己討厭的工作，感到悲傷或壓力，為了補償負面情緒，花掉大部分薪水購買物品或花在享受上。

工作並不是一種懲罰。絕對不是。然而，一份你討厭的工作的確是一種懲罰，或簡直是酷刑吧！我記得曾跟一個約三十歲的年輕人談過，他日復一日做著一點也不感興趣的工作，而每天接受這種酷刑凌遲，最後像顆洩氣的皮球，身心委靡。他頂替他父親在一間工廠退休後讓出來的職位，這是在很多工廠常見的情節。問題在於這位年輕人有其他夢想，可是，當然囉，怎能拒絕這個大好機會？換做你，難道不想擁有一份永遠有保障的工作？當然想，所以他抓住了那份工作，在工廠工作三年後，他來色丹尼亞找我協助處理他的憂鬱情緒。當然，我的建議很清楚，他不需要吃藥或治療；他想解決問題，就要換工作。很快地，他開設舞蹈班，跳舞是他兩大熱情之一，他之前上班外也持續習舞（紓解枯燥的生活），兩年過後他也開了自行車商店並提供修車服務。今日他活得快樂，過得精采，熱愛生活，信心滿滿，有著想征服全世界的幹勁。

這個故事給我一個概念，我建議你接受適當的好的期望，之後你就能樂在工作。我長達十六年不曾找工作，而是替自己創造工作機會。我替報紙或雜誌撰寫心理方面文章，不是應任何人要求。我從沒看過徵求心理醫生定期撰寫心理或時事文章的啟示，我是主動提出開闢專欄的想法，聊聊有關現代的心理學。目前，我替《報紙》（El Periódico）每週寫一篇文章，替《實用心理學》（Psicología práctica）雜誌和《福祉》（Objetivo bienestar）雜誌每月寫一篇文章。我不看徵人啟示，因為對我來說從不存在。

我從二十年前開始替自己開創工作機會。我在還相當年輕時，定居加泰隆尼亞區的庇里牛斯山區的列伊達省，希望找到泛舟教練的工作。有一天，我打電話給「準時相約二頻道」（A punto con La 2）電視節目的主管，如今我在這個節目主持週單元。有一天我決定寫書後，開始尋找願意跟我合作的出版社。如今，你正在閱讀的是我的第二本書。相信我，如果我能樂在工作，你一定也能，我跟你一樣沒有什麼特殊才能。我唯一去做的只是思考和工作，工作後再反思，做決定、積極和願意冒險；嗯，也不是些太大的冒險。總之，我相信人生苦短，我們都得活出它，享受它，工作部分也要這麼做。

別屈就你不喜歡的工作，這種工作無法喚醒你的特質，也無法燃起你的熱情。你有各種特質，你可以做你喜歡的工作，如果這種工作不存在，就創造你喜歡的工作吧。換個方式思考。想想，能夠工作是一種祝福，對許多人來說這是一種奢求：他們可能生病、沒有謀生本領，他們願意不惜代價再一次工作。然而，可別像卡拉，為了一份工作犧牲一切。也別像殭屍，每天上班做自己討厭的工作。如果找不到想要的工作，便去尋找機會，主動創造。要怎麼創造？我馬上跟你解釋。

重點筆記……

- 檢視你對工作的期望。
- 不要把你的自尊跟工作成就連結在一起，你本身不只限於比工作上的成就。
- 人生有人生的面貌，不會是你希望的面貌。

- 時時調整你的觀念，避免嚴重走偏。
- 工作之餘，也要活出精采人生。健康的人生是平衡的人生。

行動

來吧，跟著我到材料室。我們來尋找金粉。你摔碎了，須要自我修繕。現在的你比以前堅強。別隱藏你的傷疤，這可是證實你的勇氣、成長，由脆弱淬鍊堅強的印記。人生是一條漫長的道路，在路上一定會跌倒。跌倒不是壞事。摔碎也不是壞事。或許你還會再跌倒和摔碎，但你可以站起來，每一次重新站起來，你都會比以前茁壯和聰明。

光只是想不去行動，效果不大。同樣地，不經計畫莽撞行事，只是盲目浪費精力，只能靠運氣。如果你跟卡拉有相同遭遇，你可以找到幫助和引導你的行動指南。我們分析過是哪些原因導致你現在的狀況；此刻，該是利用你的工具向前走，重新連結情感力量，尤其是從遭遇中學習教訓，放下內疚和羞愧感，用更強大的力氣站起來，重新修繕你的人生和未來。

重新連結你的本質

讓我們從修補你的自我觀念開始。當我們受苦時，自尊會瓦解，進而嚴重影響工作面試或手上的新案子。當我們受到強烈的情緒主宰，往往無法做出好決定，因為害怕再次受苦，我們限制了真正能有的選擇；恐懼會讓人裹足不前，困在原步踏地。不管是找工作還是尋求新案子的資助或客戶，你都不能在他人面前洩漏痛苦或悔恨，因此第一步是恢復臉上的笑容，抹去所有怒氣、懊悔或恨意，表現你最可愛的一面。

注意，你可能自以為沒那麼糟糕，甚至以為自己控制得很好，但小心有一種跟毒品上癮一樣的悔恨感。你以為自己控制得宜，實際不然。二〇一六年初，我接受靜脈麻醉，進行胃鏡檢查。我不太記得醒來那刻，倒是忘不掉我想要開車，從巴塞隆納開回色丹尼亞的路程大約一百五十公里。我以為身體狀況沒問題，卻無法控制地猛說蠢話，逗得我太太、照顧我的護士、到超市買水遇見的女店員，和所有我在路上碰到的人，都大笑不止。

如果你無法控制自己，就不要暴露軟弱的那面。首先你要做的是修繕自己。我建議你不要急，給自己一個早上或一下午時間，去散散步。想想幾個你喜歡的人，想想公眾人物，想想朋友或認識的人。擬一張名字清單，在旁邊註明你喜歡他們哪一點。這麼做之後，你非常可能從中找到靈感，這可能是個好的開始。接下來，擬另一張清單，在旁邊寫上你討厭他們的原因。到這裡，你有第一份清單，知道如何辨別不想要的特點。當你兩份清單都有了，我鼓勵你試著反省，使用形容詞、名詞或句子定義自己。日積月累，不久你就能認識你真正的本質。

或許你會犯錯。但犯錯沒什麼大不了。如果真的犯錯，不要刻意放大，這真的沒什麼大不了，真正糟糕的是沉溺在錯誤中無法自拔，如果你跟卡拉一樣工作能力強、忠誠又負責，更不該如此。你不會因為遭解雇變成輸家。待會兒我們會進一步說明。然而，如果你不想重蹈覆轍，你需要在穩固的地基上重建自己，認真調整你的自我概念，不要高估也不要貶低自己。

你跟所有人一樣擁有各種特質，許多待琢磨的本領。倘若你能從自身遭遇學到教訓，拉開距離審視自己，用比較正確的方式思考和行動，幾年內你將會把這次插曲，當做是淬鍊自己的一個小小危機。

你唯一要做的是連結你的本質，一個你從未失去的本質。或許你以為早就失去本質，但這是錯的。你的本質還在，你不但要知道還在，更要知道不該把自身的遭遇當做失敗，而是一次學習的機會。你只是做了錯誤的決定。只是這樣而已。如果你能從中學習，將不會再犯一樣的錯。

讓其他人看見你的本質

太棒了！現在你已經連結你的本質，該是跟其他人分享的時刻了。重新聯絡你的社交圈，如果還沒有社交圈，去尋找或者建立一個。若是當獨行俠，沒有人會注意到你，所以你要表現自己，讓其他人看到你。重新整理你的人際圈，報名某種課程，跟其他專業人士接觸，以及參加職業團體。尋找你想要的工作，推薦自己，或許你要的工作並不存在，但別擔心，你一定可以主動為自己創造。

備妥一封可靠的自薦信，向主事者詳述你的特質和所有能力。公司釋出職缺後，第一輪過濾人選的往往是人資或部門助理。這個人會審視不同的人選的履歷，可是當數量足夠時，不會再繼續看下去，你的履歷或許就在那堆剩下的小山裡，也就是說，根本還來不及被看到。

我建議一個比較大膽但比較有效的辦法。你想要做哪種工作？當業務？那麼就去找你想工作的公司業務部門主管的名字和他的電子郵件吧，寄給他一封信，跟他解釋你是誰，為什麼想到他們公司工作，你能貢獻其他人所做不到的哪些事。接下來你會看到如何寫一封高明的自薦信，祕訣就在三個問題的答案裡。

落實你的夢想

或許你決定創業，你知道投注多少力氣和夢想會直接影響你。非常棒！你可以著手進行了。你可以開始訓練不太好掌握的事物。一間公司就算太小，也要具備財務、行銷、管理、執行等等知識。

先學習如何管理，再著手創業，一份屬於你的事業。計畫的縝密會決定事業的成敗。這個計畫得詳載所有戰略和執行步驟，因此，你在開始自己的事業之前，就能從這份計畫輕易看出會有哪些可能問題，此外你可以拿來當作做決策的指引。進行思考，調整後再進行並做決策，你的創業就能開花結果。沒有其他祕密。注意，要非常注意接下來三個原因會引起反效果。

第一個原因又是恐懼。還記得嗎？恐懼會讓人裹足不前。不要恐懼（不過用說的很輕鬆，對吧？）。你應該恐懼的是恐懼。老實告訴你一個祕密。我是個非常膽小的人。沒錯，我大方接受這個事實，一點也不害臊。認識我的人很難相信，因為我曾爬下深淵，登上多座幾千公尺的高山，到過連打嗝都沒辦法的峰頂，爬下地底深處。順著一條高漲的河流航行，後面跟著一棵連根拔起的松樹，僅僅距離幾公尺遠。但是熟識我的人都清楚我其實是個膽小鬼，他們知道我的勇氣大過我的恐懼。你或許納悶我的勇氣打從哪兒來的。我很開心能在這裡解釋。事實上，我深信在這個世界上非常需要有勇氣的人。我的自信來自我的情感力量。我知道，我只要仔細分析正在發生的情況，就能做個符合風險的評估。但是這樣還不夠。我知道，我跟你一樣有個塞滿各種方法和技巧的工具袋，能幫我們抵抗撲來的恐懼。而且，我知道如果我沒有應付特定狀況的技巧，我能自己想出一個。這輩子有各種狀況，沒有理由不能解決大多數的狀況。同樣的你也能辦到。知識能讓你脫困，所以好好地學習、研究、閱讀，旅行……。你可以做任何想做的事，但是記得學習，學習過後你才能自由。當你害怕某種東西，你要進一步研究，趕跑你的無知和恐懼。

現在你已經知道頭號敵人是誰，讓我們來看第二個，也就是欲望。卡拉搞混了欲望和事實，因此她深陷沮喪。欲望不是個好的引路人，我們相信事實會照我們所想發展，事實上卻不是如此。當混淆了欲望和事實，我們就得啟動選擇性注意力，過濾我們接收到的刺激，這樣一來，我們可以捨棄不適合我們的，或讓我們面對我們想逃避的事實。此外，選擇性注意力會讓我們放大任何跡象，好符合我們毫無脈絡的想法。這樣一來，我們誤以為自己沒錯，做得很好，我們忽略外在能幫我們重新調整想法的警告信號，卻帶著不切實際和不可能完成的期待，直直衝向粉身碎骨之路。

還有一個阻撓成功，讓你無法重建本質的原因：外在的意見。任何人都可以說出自己的意見，但可靠性往往不高。人們可能說出所有想說的，但這不意味他們有道理、正確，或者你該照單全收他的看法。注意，我指的意見包含正負面。如果是正面但是沒有根據，我們會當成救命浮木緊攀住，或當作牆壁扶著，來支撐我們脫離現實的想法。當我們感覺依靠，會更有安全感，於是距離現實越加遙遠。記住，你要時時分析。然而，如果意見不但負面也沒有根據，我們可能會感覺從高空墜下，像洩了氣的皮球，開始根據不可靠的資料做出怪異的決定。因此，小心你所聽到的意見。特別是來自那些你不太信任的人，或者跟你感情深的人，因為你可能直接相信他們，而不去問到底正不正確，是真是假。

該是面對真相和挫折的時刻了。要好好處理挫折，否則挫折感會烙印在我們記憶裡，變成一種悔恨。你的未來繫在如何正確處理。你不會再是原本的自己。如果無法好好處理，你會深感挫折、悔恨，對自己越來越沒自信……，最後破碎、崩壞；但是倘若能妥當處理，你會在走過困境後成長茁壯，透過新的知識和重生的情感的力量，更有自信、沉著和擁有更多工具。現在，你知道該做什麼以及該怎麼做。行動吧！修繕自己，如果你不做，誰能幫你做？

你知道卡拉後來怎麼做嗎？遭解雇後，她決定修繕自己，現在她樂在新工作。她決定把她的熱情變成她的事業。卡拉非常喜歡烹飪，以往她只在歲末年終和派對聚會大展廚藝。所以，她轉而擬定創業計畫，不到一年時間，她開創自己的事業：外燴服務。

我該從哪裡著手？

- 重新連結你的本質。
- 讓其他人看見你的本質。
- 落實你的夢想。

我該怎麼做？

- 分析你的遭遇。
- 以有建設性方式轉換負面情感（羞恥、自憐、悔恨，驕傲等等），不要逃避也不要習慣。
- 別責怪自己的錯誤。你有權利犯錯，但是你也有責任從中學習，不要重蹈覆轍。
- 不要混淆欲望和現實，不斷調整自己證實你依舊能穩穩站住。
- 找工作之前要三思。你想做什麼？你對自己有什麼期待？

- 把你的欲望變成目標，擬定行動計畫，再決定是否可行。
- 傾聽其他人的意見或評估，但是思考一遍，不要照單全收。
- 注意是否有任何警告的信號或跡象，提醒你該調整你的計畫。
- 相信自己，相信自己的本領。
- 一步步慢慢建立。不要急，不要莽撞行事。
- 慢工出細活，欲速則不達。

第十六章　修繕受創的自尊

案例二：卡洛斯的劇痛

鄙視的目光再一次像利刃插中卡洛斯的心。他忍住淚水，回到他小小的避風港。他不懂為什麼就是無法忍住不哭。他不是氣哭，而是傷心地哭，他感受到一種黑暗強烈的悲傷。

凌虐身體會留下明顯的痕跡，任何人都看得到。但何必在意他人的目光？其實最嚴格、嚴厲而不通情理的裁判往往是自己。身體上的疼痛是暫時的。遭挨打後的疼痛不會一直持續下去。我們的身體會以它的智慧從痛苦中迅速復原。

但是有一種殘忍的凌虐是沉默而神祕的，是封閉而隱密的，這種凌虐會帶來劇烈的痛苦，讓人無止境地痛下去，遠比挨打還嚴重。這種無聲而深沈的痛，會榨乾你的靈魂。這種痛不是挨打而來，而是來自鄙視、孤立、怨恨的目光，以及對你的徹底拒絕。這是一種最可怕的痛，也就是卡洛斯感到的痛。他非常熟悉飽受侮辱和不被了解的痛。他也熟悉遭人比較的痛，他往往在這種刻意的比較中箭落馬。他比不過任何人，他微不足道的貢獻或鬧出的笑話，總是比其他人嚴重。

卡洛斯走到家中的書桌旁，翻找他上學的背包，拿出他從圖書館借來的一本書。這是他在圖書館的驚奇發現！卡洛斯嗜讀成痴。他渴求知識，想要認識其他可能的生活，他想要了解、學習和成長，但他特別想要擺脫讓他在午夜夢迴驚醒而感到口乾舌燥的痛苦。「最好是躲在裡面讀傻書，就能解決你的一堆問題。」當他關上房門時，聽到這樣一句話傳來。他的父母對所有人都很好，唯獨苛待他。喔，也許不是對所有人，只對那些覺得他們是好人或受害者的人吧。

卡洛斯痛恨受害者情結和謊言。他痛恨母親消遣她的兄弟姊妹，玩弄他們和毒舌批評。他痛恨母親缺乏溝通，完全不懂尊重的處世方式。他不懂父親為什麼在工作上搶人功勞，還覺得光榮。「搶人功勞不道德。」「搶上司功勞怎麼會不道德？」父親這麼回答他並補充一句：「你真呆，兒子。」

突然間，房門打開了。「喂，愛哭鬼，你又踩到媽媽的線了。」他的妹妹對他大吼。「你真自私。」卡洛斯聽了她一連串毫不客氣的辱罵。不過，有哪種辱罵是有道理的嗎？「我最好還是離開。」他心想。他拿起書，打算去散步，但是沒有特定方向也沒有目的地。任何地方都好，至少比待在家裡好。或者更清楚說來，比他出生和居住的家庭還要好。

他忍不住哭出來。他感覺靈魂撕裂了。他允許自己哭，但知道自己得做些什麼，來了解和克服痛苦和悲傷。他找尋能安慰他的歌曲。他尋找某種快樂，比如一首能鼓勵人心的愉快歌曲。他想要分享他的悲傷。隨身聽替他挑了一首古典舞曲《查爾達斯》（Csárdás）。他在一張長板凳坐下來，閉上眼睛。他想像著匈牙利小提琴家演奏他古老的小提琴，悲傷的旋律揚起，但他馬上吃了一驚，因為曲調從一開始的悲涼轉為輕快活潑。他很開心旋律轉變，彷彿讓人知道只要肯做點什麼，痛苦只是暫時的。這一天黃昏，卡洛斯張著發怔的雙眼在大街上跳舞，他領悟了他絕不會把人生交給命運之神。該死的命運簡直以玩弄他的痛苦為樂。

拉開距離

在這個案例中，卡洛斯是受虐兒，如果你也曾受父母、另一半或其他人虐待，在家裡、學校或工作上，接下來我要說明的東西一樣能幫助你。受虐最嚴重的一點是，這是一種雙倍的痛，因為你得默默承受施虐者施壓的痛苦，還得擔心變成身邊的人的恥辱。

沒人能了解你的痛苦。沒有人能懂光一個眼神就能讓人生不如死。他們沒發現他們就是透過眼神這種工具，發洩對你的不滿或鄙視。他們應該是要愛你或至少懂得尊重你的人。而你這個迷失方向的孩子，這個等著被父母愛的孩子，跟世界上其他孩子一樣，不懂自己為什麼被討厭，莫名其妙遭到排擠，非得受這麼多苦。

你的運氣不好，在孩提時遭受虐待。不過這是運氣問題。這要看你生在哪個家庭，你的父母跟兄弟姊妹有哪些毒性思想，他們的情緒狀態或者心理層面的平衡，你或許中了最殘酷的樂透，只能咬牙忍耐莫名其妙的虐待……。彷彿總有一天這一切會有意義。

但是讓我們一個個來看。你是受虐者。我知道你引以為恥，甚至感到內疚，但是你絕對不是唯一一個受苦的人。如果要每個曾受過虐待的人拿一個紅色氣球，我敢打賭天空會完全被遮蔽。

虐待往往不為人知。沒有人知道你的父母只在人前和藹可親。最後有些人否定自己的遭遇，或者抹去他們曾受虐待的事實。

我們來仔細想想：在此之前，你是非自主的受害者，但現在，就在這一刻，你可以往前邁進一步，擺脫你與這個殘酷的施虐者之間的關係。你要駕馭自己的人生，封存最黑暗的過往。拿掉困住你的人生的鎖鏈，放到地上，不要扛在身上。你須要結束你的苦難，才能進行修繕。不要讓自己痛苦。不要繼續扛著。我知道能有理由可以幫你了解為什麼遭受痛苦，但是痛苦經常是無法解釋的。

如果你曾是個受虐兒，你得知道唯一的解釋就只有運氣。孩童往往是受害者。他們無法選擇出生在哪個家庭，只能忍受父母的情緒，忍受在學校遭受霸凌，變成身邊其他孩子妒恨與嘲弄的對象。

然而，如果我們談的是與另一半的關係，情況完全改變。我經常遇到一些人，他們甘願遭受虐待，主動選擇與毒型人物在一起。有時，我們搞不清楚什麼是愛情或是仰慕、安全感，甚至是身分。小心，因為你將會為此付出極為昂貴的代價。

卡洛斯得忍受母親、父親、家人和周遭每個人的嘮叨，聽他們抱怨他是他們的掃把星。對，罪惡感是精神虐待引起的其中一種最糟糕的影響。對冷血的施虐者來說，他們一點也不在乎你的痛苦，他們很清楚責怪你，他們的毒性會帶來加乘的毀滅性影響。

對，你是罪魁禍首，施虐者（可能是你的母親、父親、另一半，或者頂頭上司）會利用他們的地位來壓迫你。但是施虐者怪罪受害者，玩弄他們，往往還有一個原因，這個原因能讓他們高枕無憂，不會良心不安……那就是你的自責。所以我們要從去除這種罪惡感開始，卸下這個他人加諸在你肩膀上的重擔，否則你無法踩著輕盈的腳步，朝你的目的地前進。你為什麼要有罪惡感？不為什麼。這麼說儘管很容易，要徹底拔除這種死賴著不走的罪惡感，是何等困難。

施虐者懂得怎麼對受害者洗腦；而且一定要到讓他心生罪惡感才肯罷休。你知道他怎麼辦到嗎？就是改變你對原因的歸咎，也就是說，怎麼詮釋自身和身旁的人的遭遇。施虐者會把所有過錯推給他的受害者，不管是直接或間接方式。如果你愛虐待人的媽媽在飯廳，你在房間，她會把熨斗掉到地上怪到你身上，因為你害她神經緊張，脈搏狂跳。如果遭診斷得癌症，也會是你的錯，因為你老是害她氣得半死。如果是靜脈曲張也一樣。所有，所有發生在施虐者身上的不幸，都是受害者的錯，甚至以最荒謬的方式，辯解缺乏根據的事情。

施虐者會影響受害者的另一點是剝奪他的安全感。他非常清楚怎麼得逞：瞧不起他的成果，讓他深信他是無知的、是無能的，無法獨立行事。我們接下來會談到如何處理，不過我可以先透露一點，關鍵就是你要改變自我觀念，給你一個認識自己的機會，丟棄你的舊觀念。

同樣地，施虐者也可能讓你孤立無援。他可能替你編製一齣戲，一齣他喜歡的戲。劇中只有兩個演員，也就是他跟你。你是次要角色，你就像廢物，得服侍他，感謝他這個恩人。從這裡可以看到他的詭計。他孤立你，奪走你認識其他事實的機會。他偷偷地，默默地，一步一步孤立你。他不喜歡你交朋友、參與活動，他不在乎你的興趣。他利用他的病態和需求佔滿你，而你在還沒發覺之前，就掉進他的陷阱。

我為你曾遭受精神虐待感到難過。如果施虐者是你的另一半，我更是難過，但是如果是你的父母的話，我不但難過更是生氣。別擔心，我們同在這條路上，你已經踏出第一步，你已經擦亮眼睛，你看清楚了你的遭遇，你沒有任何錯，只是運氣不好，你得重新學習活下去和建立人際關係。你迷失在一座大森林中，但是開始爬上最後一段斜坡，走完這段路，你將站在峰頂，觀點煥然一新。此外，有我在你身邊，你不孤單。我可以看得見你跟我在莫伊塞洛山，這是我最喜歡的其中一座山。我們兩個在一起感受涼風撲上臉龐，我們坐在地上眺望在眼前展開的山谷，辨識哪些是我們曾經征服的高山，以及我們不會再回頭的路。

重點筆記……

- 你的觀點煥然一新。此刻你知道你的過去並不會決定你的過去和未來。
- 你知道你充滿特質，等著去磨亮。
- 你的見證和你的例子，可以幫助數千人。不要感到難堪，不要有罪惡感，不要感覺孤單。
- 現在你看見了事情的真貌，跟他們給你洗腦的版本並不一樣。該是換個方式思考的時刻。

換個方式思考

讓我們來戳破幾則神話。家庭的觀念其實遭到高估。啊！我說出來了！真的不能不說。或許你是世界上最幸運的人，有個幸福美滿的家庭。真的非常恭喜！然而，相對於每個幸福的家庭，還有幾百個不幸的家庭。

我也得提醒你，有些家庭幸福美滿，是因為非得幸福美滿不可。這種家庭普遍自欺欺人，他們捍衛著某種欲望。而這是個到處可見的現象。如果你曾經跟來自這種家庭的人面對面，千萬別和他唱反調，也別要他看清楚事實，否則只會惹來一身腥。

我們無法選擇出生在哪兒、父母或是家庭類型。我們的父母和兄弟姊妹可能是萬人迷，也可能是連續殺人犯。我們完全沒有決定權。當然，好好跟家人相處是最理想的方式，但有時這是一種奢求，要付出的代價太過昂貴。

容我大膽說，我的大多數客戶都曾經或此刻有著直接或間接來自原生家庭的問題。縱使這本書不是研究或科學報告，我卻可以跟你保證家庭關係往往引起許多痛苦，不幸的影響一年年延續下去。正因為加害者是你的父親、母親或兄弟姊妹，所以更不能忍受。不論是身體或精神虐待，千萬不要默默忍受。

注意！我認同家庭生活的重要，但前提是對所有家庭成員健康的生活。我相當注重家庭生活，但是我的家人不一定有血緣關係。我們不須要有血緣關係，才能如同愛手足或子女那般去愛特定的人。同樣地，有血緣關係並不一定就能維繫感情。

你的原生家庭是怎麼樣的家庭？

一、健康家庭。家庭成員彼此尊重，溝通良好，相互信任，大家為了共同的福祉一起努力。在一個健康的家庭中，成員個個獨立，不會產生或養成依賴習慣。

二、表面健康的家庭。這是最糟糕的類型，因為家庭成員精於維持表面的完美，在外人的眼中像是美滿，甚至可以說是模範家庭，只有你知道真相。這種類型的家庭骨子裡是毒型家庭，表面上卻是健康家庭。

三、毒型家庭。有些人把家庭關係視作主從關係，兒女一定要滿足父母的需求、自尊心，或是偏差的想法。有些時候，虐待來自兄弟姊妹，導火線是嫉妒和令人意想不到的理由。

四、期限毒型家庭。有時因為特殊的原因（比方失業、分居或生病），家庭失去平衡，內部缺乏尊重。如果我們不想問題拖太久，就要盡快重拾平衡。處在這種家庭氛圍，兄弟姊妹之間會產生許多問題，因為一些人是在健康環境成長，另一些生下來就面對烏煙瘴氣的氣氛，因此他們通常無法了解彼此，無法感同身受。

目標：增加自信和安全感

讓我們從你開始，重組你的自我觀念和你的自尊心。容我開門見山說清楚：你對自己的印象是完全錯誤和扭曲的，因為這是施虐者強加上你身上的印象。我也得單刀直入說出建議：打破這個印象，給一個重新認識自己的機會。

但是讓我們一步步來。我們先檢視你的人際關係。我要再一次說清楚：你不是任何人的奴隸。一段健康的人際關係，是建立在互信的基礎，雙方都能表達各自的需求。

首先要做的是增加安全感，重拾個人自信。可是什麼是個人自信？這無關宗教信仰，並非篤信有個人或神明能幫助或庇護我們，而是即使沒有什麼可信的證據，你依舊能信任自己的能力。我們這一生一定會面對挑戰，我們不知道自己辦不辦得到，但有些挑戰就是需要我們盡最大力量應付，許多時候，面對問題、目標或挑戰，我們會回過頭看向過去，尋找某個能增加我們安全感的東西，或者某個能引導我們跨越挑戰的東西，但通常空手而回。總會有第一次，總會有須要跨越的新障礙，總會有我們無法控制或從未遇過的情況。當事情發生時，我們毫無頭緒，從過往經驗找不到參考，我們會不知所措，無所適從。

然而，就算沒有任何引導，依然有一種情感的力量能驅使你繼續往前邁進，那就是相信自己，相信你能面對人生給你的挑戰。你為什麼不相信自己的能力呢？在這部分，最重要的是你要認為是可能的，你相信的或許跟事實有落差，但這並不重要。如果你相信自己學不會新的本領和技巧，相信我，你就不可能學會。但是如果你相信你能學會新的技巧，比如新語言，那麼短短幾個月內，你就能說出簡單的法文或英文句子，或者如同我的一個朋友一樣會說日語。

你的能力和你的答案的影響力，遠遠超過你所能想像，自信由此而來。或許你知道你擁有超過所能想像的方法，此外，你擁有的許多方法會在需要時才發揮作用，因此，其實真正重要的不是你過去的經驗，而是你在處理時刻的潛力和之後得到的成果。當你面對陌生的東西，你不知道自己是否能跨越，但同時也不知道是否辦不到，因此，你不要執著答案是如何，其實能不能克服逆境是無法預測的，許多時候我們要等到真正面對才會知道。

一旦你對自己有信心，你相信自己能突破人生給你的任何挑戰，不知不覺，你的衝勁、自信和精力就會被點燃。你會使出渾身解數面對挑戰或逆境，用最具創意的方法專心解決問題。當你相信自己和自己的能力，你會抬頭挺胸，能量滿載，迎接最艱難、全新和陌生的處境。人的潛力往往無限。

當你不確定自己有能力面對障礙，當你回過頭看向過去卻找不到能幫你面對逆境的方法，你就得在這一刻審視你的內心，擬定一個工作計畫，給自己充分的信心。相信你的能力，一步步下決定，你將能克服最艱困的挑戰。一個曾受虐的人必須學會應付新的狀況，因此他得對自己和自身能力保持信心，同時得對施虐者隱瞞這些特質。因此，如果你此刻有相同遭遇，把這種特質挖掘出來……。儘管你被逼著相信自己就是辦不到，你其實是擁有追求幸福的所有須要的條件。我知道這看在你眼裡，可能是艱鉅的任務，甚至就是天方夜譚，但其實沒那麼複雜。想要過著圓滿自由的日子，所需要的基本的情感力量就是自信心。

想知道如何增加自信心的祕訣嗎？檢視一遍你評估自身遭遇的方式吧。你曾經建立評估各種遭遇的方式，知道增加自信心的激勵小語，但是不知道該怎麼做？接下來，我將根據知名心理學家的研究，跟你解釋該如何去做；因此，準備好跟我一起分析如何對發生在你身上的事評估吧！

我們會評估所有感官接收的東西。每一次感官觸發，訊息進入我們的知覺區後，心智以不自覺方式評估，分析對我們來說是不是威脅或有沒有危險。有兩種可能評估方式：發生的事可能不重要，或其實是威脅。如果我們評估只是小事那麼就沒事，但如果分析過後判定是威脅，我們的大腦會傳送警告給身體，要我們準備逃跑或起而抵抗。當身體準備好行動，我們的心智會再一次評估，分析我們是否有能力對抗前述的狀況。到這裡，同樣只有兩個答案。如果我們判定有辦法處理，我們的身體會放鬆下來，不會有任何動作。然而，如果結論是不足應付，不知道該如何處理，我們的大腦會發出警報，傳達焦慮和壓力。注意，我剛剛的解釋，就是這個美國心理學家拉扎勒斯（Richard Stanley Lazarus）的情緒認知評估，我們透過這個有趣又重要的研究發現，理解我們感到恐懼時身體的變化，以及認識我們有哪些可以增強自信心的方法。虐待者會對我們洗腦，讓我們相信我們沒能力應付不同挑戰和狀況，我們在第二次評估時，就會把自己歸在不利的位置，因而引起焦慮與恐懼。

不過，整個過程最奇妙之處，在於我們還會做第三次評估，我們會問自己我們該做什麼抵抗感官接收到的危險。現在所有電影演員到齊。如果我們在分析狀況後，解散糟糕的哨兵，雇用另一個經驗比較老到的哨兵，我們就是做完最重要評估。如果我們辭退次要演員，也就是把所有發生在我們身上的事都當作威脅，而且認為我們辦不到和不懂的人，接著雇用另一個比較能激勵人心的演員，他能把問題轉化為挑戰，我們的第二次評估就能比較準確。最後，如果我們辭退第三等級演員，也就是天分最差的一類，接著雇用其他懂得找工具、想像和創造的演員，我們的安全感就會增加，因為我們知道我們握有應付逆境的利器，要是沒這種利器，也知道該到哪兒去找。

諮商師的建議：

換個方式思考。以前面舉的演員為例，我建議你放棄現在的所有演員，開始寫你的下一部電影劇本，在這部電影你將是行動派主角。

行動

該是開始行動的時刻，打造你的新人生，打造一個你值得擁有的最重要的家，你的靈魂的歸屬。讓我們以你的信心、自尊和勇氣重新打造人生。我希望你是個自由而充滿自信的人，我們得努力達到目標。

讓我們從認識你自己開始，因為你對自己其實是陌生的。你不知道自己是怎麼樣的人，也不知道你具備實現目標的本領。多年來，你的人生搖搖欲墜，讓你以為自己沒本事，辦不到，什麼都不懂，你是個沒價值的人。你忽略也不珍惜你的成果，於是你備受折磨，最後這一切傷害了你的自我觀念。

找個安靜的地方，試著重新挖掘你的本質。去尋找，去探索吧！我知道這個任務不容易，但不要因此放棄。觀察自己，不要評斷自己，每一天都多認識自己一點，就像認識新朋友、車子和新家一樣。

不要害怕，不要擔心，往前跑的時候記得回顧。忘掉恐懼、別再理會、開始剖析。這就是關鍵，要分析而不是理會恐懼。好消息是人生本是充滿變動的旅程，你能因此在路上學習、改變，尤其能提升自信心。

慢慢分析你的遭遇，別急著評估。現在你已經知道如何根據拉扎勒斯的理論來評估。現在你已經能辨識自己何時會基於恐懼和否定的自我觀念做評估，在這種時刻你往往處於緊張和不安狀態。想要增加自信心的第一步是了解，第二是發現，第三是處理。

保持理智清醒，避免隧道效應，也就是避免理智失去方向。簡化真相，篩去恐懼的因素。我建議你做個想像的練習。你想像自己在某次會議上表達你對某個專案的看法，突然間你的上司拿出一張紙做筆記。其實你不知道他在寫些什麼，但如果你感到恐懼，你會以為他寫的是他不贊同的東西，但事實是你根本不知道。也許他喜歡你的看法。或也許他只是想記下某個待辦的事項。所以，當你不確定任何事之前，不要妄下結論，不管是負面還是正面。這個例子正好說明了隧道效應。

想一想，其實你有很多特質。你遠比你以為的還能做更多事情。你默默地承受某人莫名的虐待，而這個人應該要是保護你和教育你，而最後你熬過了。還會有什麼更糟的呢？

重新調整你對「危險」與「威脅」這些字的觀念吧。旅行並不危險；搭地鐵並不危險；愛一個人並不危險；蹺課享受陽光普照的一天並不危險；懷疑某種說法並不危險；發言並不危險，暴露在所有同事的目光中並不危險……。或許你以為人群危險，所以決意不與人來往；或許你以為愛是危險的，所以決定與孤獨相伴；也許你以為生活是危險的，所以你沮喪憂鬱。我不能否認的是，我剛剛舉的都有一點危險，但不致於到了讓人落荒而逃的地步，我們該做的是學習處理危險或威脅。危險就像鹽巴。鹽巴本身沒有所謂的好壞，而是要根據你怎麼食用。如果你一湯匙接著一湯匙吃掉一公斤，很可能會喪命。可是還不致於從此拒絕吃鹽巴，杜絕死亡風險，最好的方法是試著了解每餐可以攝取的適當份量。

讓我來跟你談談我的個人經驗。我這輩子從事過好幾種運動，其中有一些具高風險，比如攀岩或者爬上高聳的冰岩。攀爬本身就有一定風險，但是會根據你怎麼應變；

也就是說，攀爬的危險高低會根據怎麼下決定，比如選擇哪一條路，我的體能訓練程度，設備的狀態，隊友或者天氣預測。我可以向你保證，我的人生最美好時光都是在山裡度過，到現在還樂此不疲。我也可以肯定地說，我從事運動從沒遇過嚴重意外，不過許多時候，這一切繫在比我的手指還細的繩索。我這輩子有兩條路可選。要不因為恐懼而放棄我對高山的熱愛，要不學會評估和好好應付可能降臨的風險。我非常清楚自己會選哪一個。

學會分辨哪個是威脅，哪個是陌生的道路帶來的不確定感，這兩者不一樣，你的快樂取決你如何正確辨識。有時，當我在庇里牛斯山或阿爾卑斯山尋著一條新的道路前進，我會這樣分析；大致上我會選擇不確定或陌生的山路，有時甚至是危機四伏的道路。唯一不確定的是我們不清楚路會通到哪裡去。這種不確定性是我們每天生活的一部分。我們無法假裝自己過著平靜的生活。人生會怎麼發展，是不確定的，與其說這是不便，倒不如說是好處。大自然在人生道路上安排了不確定性，也提供我們所有面對須要的利器：分析的能力和下決定的能力。

我們經常深入充滿不確定性的路。我鼓勵你若是判斷可行，在踏上之前先找資料；

但不論如何，千萬不要因為害怕不確定性放棄繼續前進。當你的眼前出現一條不確定的路，啟動你的警報系統，分析接下來會發生什麼，做出決定，但相信我，千萬不要因為害怕放棄前進。

有時，我們混淆了危險和陌生。這是個大錯誤！如果你面對陌生的東西，比方說一條陌生的路，那麼就查地圖、衛星導航系統或者指南針，但是你得知道，面對陌生，最好是先研究、分析，最後就能熟悉。因此，我的最好建議還是別因為不熟悉而放棄。

別忘記，你要用從拉扎勒斯的情緒認知評估學到的東西來自我評估，因為這攸關你的快樂。提到評估，如果你真的想要提升自信，最好的辦法是準備一套策略大全，也就是說，完整的資訊能在挑戰出現時，帶領並指引你。

想一想你曾孤立自己，不想認識現實。所以該是時候了，建立跟許多人的關係，認識事實以及分析新的迎戰策略。豐富你的策略大全，最好的辦法一定是認識世界。旅行、閱讀，認識不同背景和文化的人……。帶著好奇、自信和開放的態度學習。除了你的態度外，沒有其他祕訣，只有渴望知識和終生學習的態度，學習能帶給你所需要的自信。

你的分析能力是利器

有時受苦的人會自我孤立，不想跟任何人來往，但這不是解決辦法。要解決問題，就要學習分析人，學會分辨你該遠離哪一些人，或對他們採取小心謹慎的態度，以及哪些是值得你分析生活的人。另一方面，有些人對於另一半，會特別繼續尋找一種他曾經跟施虐者類似的關係，但是會比較節制。當學會分析人時，你會發現自己不斷重複犯哪些錯誤，並想辦法解決。

大師、教師、補習班老師或者教練，都能扭轉一個受虐孩童的命運。要怎麼做？給他新的選擇，讓他接觸比較健康的生活方式，其他種類的關係，提升他的自信和安全感，給他欠缺的愛和溫暖。

如果你班上有受虐孩童，替他爭取獎學金，讓他能到國外就讀，享受享受群體生活，或者每天能運動或參加課外活動。如果你是教授，你得行動；拿出你身為教育者和成人的責任心。你也可以換個方式思考，別忘記你握有鑰匙，能把受虐孩童救出他有毒的生活環境。

我該從哪裡開始？

- 不要感到羞愧。如果你跟原生家庭格格不入，這不要緊，別難過。或許你們重視的東西、價值觀或者觀點不同。你沒有必要感到羞愧，只因為家人會毆打女人、虐待、偷竊，或者僅僅因為他是大男人主義者、恐同症患者、騙子或者控制欲強。
- 不要有罪惡感。小心罪惡感可能來自原生家庭，從那兒承接了被灌輸的思想。也要注意，在你身上烙印罪惡感的家族成員只在乎錯誤的假設，他仗著家庭的名號，根本不在乎你的真實生活或你的意見。
- 你可能不喜歡你的原生家庭。這不要緊，要喜歡長期傷害你的人是不可能的。
- 你不是特例。不要感覺自己是怪胎。大多數的人都曾直接或間接受原生家庭傷害。總有一天，會有一份研究指出許多心理健康的問題是源自家庭，而不是巨大創傷，工作上的大問題或過度操心。
- 你不需要想辦法辯護。也不需要做任何解釋。或許某個人正催眠自己他的原生家庭不錯，因此他很為難，不了解你。如果有人問你、批評你或想對你洗腦，你可以建議他讀讀本書的這一章。

- 結束一個階段並開啟下一個階段。放下包袱，別再扛著束縛你的重擔。你今天的生活只是運氣，你生在哪個家庭也只是運氣。你的原生家庭不能箝制你，也不能限制你的人生。
- 不要因此放棄建立你自己的家庭，不要從痛苦的角度來匆促下決定。你得到了人生的重大教訓，你可以另外建立一個以尊重和愛為基礎的幸福美滿家庭。

我該怎麼做到？

- 重新整理你內心的對話。改變你認定自己是軟弱小貓的印象，想像自己是充滿勇氣的獅子。我的建議，不是沒有根據的事實，而是根據你經歷和克服的一切後產生的自信。
- 如果你還在施虐者的影響範圍，遠離他吧。如果你做不到，從外在尋找支援，幫助你改善狀況，以免失去觀點，以及學習新的模範。

- 學習和這些人保持距離。有時我們會搞不清楚親切與順服。這輩子你會遇到不同類型的人，有些是懂得尊重的好人，但是也有些毒型人物，他們無禮而不懂敬重，你得跟他們畫清界線。

第十七章　修繕撕碎的人生

案例三：靈魂被撕碎的達尼

有些人認為人類沒有靈魂，但這是錯誤的。然而，並不是每一個人都有靈魂，有些人在成長過程失去了靈魂，這種沒有靈魂的人會撕碎別人的靈魂。有些人的確有靈魂，相信我，還不少。

靈魂如空氣般輕飄飄，只有你懂得用適當的目光才能看得見。有靈魂的人感情豐沛，很容易辨識，他們跟四周的人事物連結，他們關心身旁的人的遭遇，不管是否認識。他們的目光十分特別。我無法具體形容，但是當一個有靈魂的人注視你，你可以感覺到他的靈魂的存在。

這些人所能遭逢的最悲慘遭遇，莫過於靈魂遭到撕碎。沒錯，靈魂是能撕碎的。比如達尼就是個例子。有人以為男人怎可能有靈魂，有靈魂的只有小孩跟女人，但他們錯了。達尼有個相當慈悲的靈魂，他總是張著天真的目光尋找能跟他連結的靈魂。

達尼以為他跟某個人的靈魂連結，他以為會永遠從此幸福快樂，他的家會充滿溫暖與良善，可是有一天，一個不幸的一天，該死的死亡搶走他最心愛的人的靈魂，也就是他的女兒，他的公主和他的足球員，也是他的開心果、加油的旗幟，他最心愛的女兒，最珍貴的寶藏。「該死的癌症！」他被掏空的靈魂只能一遍又一遍重複同樣的話。「該死的癌症！」達尼總是抱著他心愛的小公主有機會康復的希望。不知所措的他只能祈禱、奔走、哭泣、奮鬥和到處尋找協助。他試遍各種辦法，但是全都沒有用。

他心愛的女兒過世後，他發現他的靈魂支離破碎。他累積了太久也太多的悲傷、落空的希望、痛苦和不解……。他的靈魂像是一顆超級新星炸開，他期盼他女兒變成夜空閃亮的星星之一。「但是有誰會相信這種鬼話！」他訝異自己竟吼出這句話。

達尼感覺整個人被掏空，力氣都搾乾了。他悲痛萬分，不是常人所能忍受。而他的妻子塔蒂娜（Tatiana）伸出手搭在他的肩上。

「達尼，我們需要協助。」她低聲說。

「我的靈魂撕碎了。」達尼回答。「沒有人能修補破碎的靈魂。」

拉開距離

我在執業生涯，看盡各種痛苦的臉孔和偽裝的面具。我替所有客戶感到痛苦，我幫助他們度過最低潮時刻，我們一起努力找回他們人生的夢想和力量。當我說我非常熟悉痛苦和受難的各種面貌，請相信我的話。我第一次認識這種感受是我的親身經歷。沒有人能逃過這種感覺，我也不例外。每個人都會感到痛苦。但是痛苦並不是那麼可怕和殘忍，比方說失去心愛的孩子。

因為種種原因，想要修繕一個父親的靈魂非常困難。主要是因為找不到任何理由來安撫他的無聲劇烈的悲鳴。失去理智會使人墮入所能想像的最毒也最驚人的沮喪。一旦失去理智，痛苦會失去控制，露出它兇狠的面貌。

修繕撕碎的靈魂是一項持續不斷的工作，因為傷口總是淌著血的。不論看向哪裡，總會有個東西讓你想起心愛的小公主；不論做了什麼，總是在做的時候想起她。讓你一直看到她，一直帶著回憶活著。面對孩子死亡，最須要的是拉開一點距離來看，否則你就會像個活死人。死亡無所不在，如影隨形，這是生命的法則，跟活著是一體兩面，可是不因為如此而容易面對，特別是意外突然從天而降。

死亡沒什麼良辰吉時，更不用說死去的是孩子。我接下來要解釋的，能幫助人度過失去親愛的人的痛苦，不管是孩子、你當做孩子般喜愛的朋友、另一半，或是忠實的寵物。對，愛是不分性別、種族或物種。別忘記，痛苦因人而異，死去的是伴你超過十年的愛犬，可能令人痛徹心扉。

不過，先讓我們回到這一部分的功課，拉開距離來看。我們需要稍微與痛苦保持距離，或至少有一點安靜的時間。人生改變了你，永永遠遠地。這不是你所能選擇。昨日看似平常的東西，到了今天不再一樣，修繕的過程就是從這一點開始。我知道說很簡單，真正去做很難。

接受死亡是個艱辛的過程，我們稱作「哀悼」。可能需要好幾個月，這時期的情緒是變化劇烈的。在哀悼過程，我們的精神狀態脆弱、多變而不穩定。我們擺盪在悲傷和憤怒之間，無法清楚思考，夜以繼日飽受無法理解和尋找答案的折磨。慢慢地，沸騰的水終於平息下來，我們得以恢復一點觀點，來評估我們的遭遇，但是並非一直如此，如果我們無法結束「哀悼」，我們可能永遠陷在悔恨的泥沼無法自拔，一輩子沮喪悲苦，對我們、我們周遭的人以及對死去的人來說是不公平的。

我們親愛的子女、另一半或心愛的人沒有選擇活下去的權力，所以我們能獻上的敬意是為他繼續活下去。我記得我的一位教授，在一九九六年畢斯卡斯露營區的一次溪流暴漲失去妻子兒女。那是非常有名的一次意外。我記得我看他猶如行尸走肉在城裡遊盪。他像個活死人。當時我無法了解意外的嚴重性，但是我非常想勸他再一次活下去，因為他有責任活出精采的人生，他的家人無法選擇繼續活著，想要替他們留下美好的回憶和紀念，就不能虛擲人生剩下的時光。

我記得曾讀過一篇卡蘿．波桂（Carole Bouquet）的訪問，這個女演員提到，丈夫過世後，她有兩個選擇，要不變成活死人，要不活下去，而她選擇了活下去。這個選擇不是那麼快可以下定，不是半直覺下定，而是經過了好幾個月的哀悼才決定的。

我的忠告：

如果非常不幸，你失去心愛的人，你得清楚知道你面對的是最凶惡的敵人。可是，即使失去非常難熬，最好的方式是你能為自己、為你的家人、為你失去的人活下去，堅持下去。

換個方式思考

不久前，我跟我的女兒看了一部吉勒摩・戴托羅（Guillermo del Toro）的電影《曼羅奇遇記》。這是一部談生與死的電影，用溫馨的手法帶我們認識死亡。在墨西哥，死亡的文化非常獨特。我非常推薦這部動畫片，也許你會想看，所以我不透露太多，但是讓我們來講講兩個平行世界，活在記憶裡的人的世界是一場永不結束的派對，活人的世界則是被悲傷統治。劇情圍繞在十一月二日這天，也就是清明節，這一天你可以感覺到心愛的人現蹤。或許重點在這裡，我們是用什麼方式回憶你愛的人，當他出現時，又是以什麼方式想起他。

等我們看清楚一點，就是該換個方式思考時刻。當處理像這樣一個你無從知道原因的問題，還得處理後果，相關的情緒……。我們無法讓失去的人回到身邊，但這不意味我們只能束手旁觀。事實上，我們可以做點事，但我們要換個方式思考，才能找到足夠的動力付諸實行。

要修繕人生並不容易。過去就像一塊岩石阻撓我們前進。我們扛著自己和他人的故事，把沈重的背包壓在我們的肩膀和心上。

你得改變態度。不要心急。你正處於哀悼期間。但你得知道，總有一天你要往前邁開一步，重新回到生活軌道，你要為自己、你的家人以及你所失去的人做到這一點。重要的是邁開這一步，因為這個步伐會決定你的復原。你值得活下去，你得觸發這個彈簧，重新與人生連結。

想像你可以為其他跟你有同樣遭遇的人做出一點貢獻。你可以投身研究那場奪走你孩子生命的疾病，你可以跟某個協會合作，預防其他人跟你的孩子遭受同樣痛苦，你可以跟其他人分享你的經驗，把痛苦轉化為藝術，可以做許多事情，但是首先你得做的是下決定做點事。或許你的某個行動，以有創意的方式徹底根除問題來源，可能變成動力，讓你踏出第一步。遭逢親愛的人死亡的打擊，會麻痺一個人的身體和靈魂，讓我們陷入昏昏沉沉的狀態。除非成功克服，否則我們無法開始照顧自己。

我的忠告：

有時我們拒絕幫助，希望繼續沈溺在痛苦中。我們認為再一次感受活下去的動力、夢想或快樂，是對不起死去的人，不夠愛他們，我們給自己壓力，壓力也來自我們在意身邊的人怎麼想。

行動

我們要開始修繕你到此為止面目全非的人生。你剛剛失去生命中重要的人，因此你無法再跟以前做一樣的事，過一樣的生活。

慢慢地，痛苦會過去，悲傷會淡去，以及憤怒會消失。慢慢地，你的情感不再變化劇烈，你會重拾你的理性。到了這個時候，你得利用心靈的平靜規劃新的人生。發生的事跟回憶都讓你感到痛苦。每當你經過空蕩蕩的房間，看到沒有人睡的床鋪或者照片，又會感到痛苦席捲而來。你需要改變人生，適應新的生活，轉移注意力，我們不能一直往問題鑽。我們無法讓親愛的人起死回生，所以我們得處理情緒和逆境的影響。

遇到失去親朋好友的客戶，我建議他們搬家。這件事有絕對意義，因為這等同重新打造新的人生。

我們都有待實現的夢想，希望退休後去做的計畫，想要投身的創業，以及渴望經歷的冒險。人生不斷給我們試煉，但是也讓我們明白人生是脆弱的，今天能做的最好不要拖到明天再說。因此，動手吧，實現你的夢想，這是你所能獻給心愛的人的最高榮耀。他沒有機會；你要為他和你自己把握的機會。

擱置的夢想

有些人在心愛的人過世後，投注他們的力氣和能量，替他們所愛的人實現夢想。乍看這不是個理想的選擇，因為這個作法其實有很多曖昧的地方，比如怨嘆不早點去做，不斷掛念死去的人，以及忽視自己真正的需求。但是我不否認這個作法也有無數正面效果，因為會給人一個理由、一個目標，以及一種繼續活下去的動力，這是失去心愛的人之後最需要的東西。

但還有一個非常正面的好處。許多時候，實現心愛的人的夢想就像是一種補償行為，讓人得以結束一個階段。當你正朝著這個夢想前進時，你能感到一股動力，而這種方式比轉移注意力好多了（記住我們不能一直圍繞問題打轉），此外，你在經歷一番努力實現夢想之後，也替這個階段畫下句點，開始下一個階段。

當我們重建人生，絕不會忘掉心愛的人。當收起他的照片、搬家，換床鋪，千萬不要認為這不恰當或者是背叛行為，而是減輕痛苦和繼續在人生道路上前進的必要行為。你得適應新的現實，新的需求，接受你的人生已經改變，失去的不會再回來。你可以記住心愛的人，但要放開對他的回憶，讓自己活下去。但是不要無時無刻想著他，這樣對你不會有幫助。

要關注人生而不是死亡

我看過許多人因為失去孩子肝腸寸斷，忽略其他還活著的孩子；或者失去另一半肝腸寸斷，忽略子女；或者沉浸在失去的悲傷中，忽略自己。親愛的讀者，千萬別讓這樣的事發生。你還有身為父母的責任、當另一半的責任，甚至你對自己也有不能迴避的責任。

人生不會從此停止運轉。當我們失去心愛的人，靈魂撕碎，我們以為人生是殘酷的。但一切還是一樣，都沒改變，太陽依然每天從東邊升起，城市還是繼續它忙亂的節奏，四季仍然交替更迭，除了你，對所有人來說一切都沒變。但事實上不是如此；人生一點也不殘酷，而是高尚是平靜的，我們知道得繼續往前，不能忘記其他還活著的親人，他們須要活下去。

不要忘記你自己，也不要忘記你周遭的人。不要惦念死去的親人而忽略活著的親人。我知道這一點也不容易，但是你得試試。我知道說得比做得簡單，但你真的該試試。這不需要特別技巧，只是如何調整態度問題，清楚的決定會引導你的思考、情感和行為。選擇活下去，跟你的親人一起繼續往前邁進，不要忘記，繼續活著不代表你遺忘了失去的心愛的人。

紓解你的痛苦

紓解痛苦的最好辦法是把痛苦轉化為經驗和建議，供其他人參考。讓我來跟你說一個小女孩的例子，這個可愛的小女孩因為罕見疾病過世。她的父母心如刀割；我知道再也沒有比喪子還要可怕的痛苦。經過一段適當的哀悼期後，這對父母決定透過比較有效的途徑紓解痛苦，於是他們展開對抗這種可怕的未知疾病的奮鬥。

他們朝兩個非常不同的方式來進行。一方面，他們以明確精準的方式募集研究疾病的基金，提供他們的經驗給醫療團體、給同樣罕見疾病病患的協會、給病童的父母。另一方面，他們以比較抽象方式督促社會機關和醫療機構，他們只要想到任何點子立刻行動，即使效果再小，也能稍微減輕其他孩子跟父母的痛苦。

有時，我們無法根除自己的問題，但是我們可以幫忙解決其他人的痛苦。這個策略就是把痛苦轉化為比較有建設性的東西。貢獻是美好的，看到結果以後，你會經常想起你的貢獻有多麼美好和偉大。許多時候，一棟以痛苦為地基聳立的美麗建築物變成一種美麗的紀念，一種紀念心愛的人的碑物，不是悲傷的回憶，而是正面的回憶，所有貢獻的回憶，你把你心愛的人過世變成讓世界更美好，他的死不再只是失去、無意義、空洞或者渺小。

處理你的回憶

當我們失去了心愛的人，心會迷失方向。這種接受死亡的過程，會不斷冒出對情緒的打擊，強烈而痛苦。如果我們心愛的人因病過世，或許我們在他生前的最後一段日子，目睹他如何受苦和逐漸失去生命力；如果他是車禍意外過世，或許我們會有數不盡的負面情緒，比方怪那次沒好好談一談，那次生氣脫口而出的氣話。但不論如何，不管怎樣，即使是最溫馨的過世，整個死亡的過程和之後的葬禮，都會累積一幅幅畫面，一句句話語和各種交雜的情緒，烙印在我們的心裡，伴隨著痛苦、不解和折磨。

如果任憑這樣的回憶，如洪水般淹沒其他與死者相處的美好的回憶，豈不太不公平了。我們曾跟所愛的人一起笑過、玩過、跳過和生活過。如果你只耽溺在悲傷的回憶就太不公平了，因此我鼓勵你選擇回憶，還給美好的回憶一個公道，而不是整顆心懸在痛苦的回憶。但是為了能好好選擇回憶，你得往前踏出一步。回顧曾經的所有美好時光。每一次你看到勾起愉快時光的照片或影片，你會不自覺地重溫那份快樂。對於一種情況的回憶能勾起相同的情感，只是比當時淡了一點。

做一本這樣的相簿吧。重新瀏覽你的照片、影片和回憶。當你動手做這本充滿回憶的相簿時，你會悲喜交集，又哭又笑，沒關係，這種相互衝突的情緒混在一起是正常可預期的。不要害怕，就讓自己哭，讓自己笑吧。這本相簿集是一種人生的回顧，能幫助你重拾美好的時光，跟人生最後時光的痛苦的回憶形成強烈對比。當你準備好相簿，盡可能找個美麗的地方收藏，但是不要是隨便一個地方。不要是床邊，也不要是飯廳裡面。可以收在衣櫃裡或者抽屜裡。一定要是很快可以取出的位置，可以隨時拿出來翻閱，但不要是一直吸引你的注意。

這就像你做了一趟時光之旅，回到了最美好的時光。你重拾了情感和回憶。現在，該從中選擇一個最美麗、愉快或最值得紀念的回憶；這是能喚起你美好時光的回憶。我有個朋友，每當他認識某個人或在記事簿增加新的聯絡人，他就會替他照相，藉由照片來記住他，他會不斷拍重拍，直到照出一張漂亮可愛的照片，讓他每次看到就勾起正面的情緒。因此，我鼓勵你可以參考我朋友的作法。你對已過世的親愛的人的回憶，不該是悲傷或負面的，不能是他在醫院時的病容，或是守靈時的模樣，或者遭痛苦擊垮的表情。你對他的回憶應該是美麗而溫馨的，是你們曾度過的最美好時光，瀏覽一遍美麗回憶相簿，能幫你找到這種回憶。

不要記住你愛的人受盡折磨的模樣，你要記住的是他的美好、微笑和活力……，而不是他的眼淚。你對他最後只抓得住回憶，所以選個長伴你左右的美麗回憶吧。正如同吉勒摩・戴托羅的電影所說，愉快的回憶會讓你感覺他就在身邊。

當父母過世

父母對孩子責任重大。有個孩子是一種愛與責任的最高表現。因為孩子並沒有要求我們帶他來到這個世界，我們有責任照顧他，給他所有工具，讓他能自立、自由和堅強。對，我說的是自立。我們經常以為父母要過度保護。事實上養出事事依賴的孩子是再糟糕也不過的事。

有些父母十分執著他們的角色，一旦有了孩子，便對他們全心全意奉獻，他們感覺自己是重要的，感覺他們當父母的角色是有其意義。然而，這樣不是為孩子好。當他們長大成人，父母過世後，不該是感到孤苦無依。其實我一直教導我的女兒自立，有一天當我跟妻子不在了，她不會感到無依無靠、茫然或不知所措。

我們要一直教導兒女到他們能自立、堅強，平衡和自由。因此我們要提供他們所需工具，讓他們對自己產生信心，知道如何處理失去心愛的人的痛。

暫時性斷線

我還有另一個建議你該怎麼處理失去心愛的人的方式，那就是暫時性斷線。當痛苦失去控制，無可救藥，猶如野馬狂奔，我們的心智會因為強烈而混亂的情緒變弱，須要等到這樣沸騰的情緒冷卻下來，才有辦法重新思考。有時我們什麼也不能做，只能等幾天或幾個禮拜過去。若是這樣，若是試過不同方法還是無法往前邁進，那麼考慮一下暫時性斷線吧，換個環境，去一個朋友或親屬家住幾個禮拜，到鄉村修養，到其他城市。總之，換到一個全然不同的地方，轉移自己的焦點。或許你可以去溫泉浴場，住修道院的修行房間，拜訪父母居住的鄉鎮，兄弟姊妹的濱海公寓，或者一個朋友在山裡的茅屋，都可以。關鍵在於，當你到其他地方，換不同環境，你心愛的人能陪你慢慢地減輕痛苦。

你會看到你聰明的心智慢慢地奪回掌控權，思考、分析和合理化處理。慢慢地，你能再一次看清事物，分析情節，根據你的新處境，打造新的生活。

提防怪罪的心態

有時，我們須要找到理由解釋痛苦，一個代罪羔羊，讓我們能抓住情緒的支撐點。許多父母曾失去孩子，他們把自身的痛苦轉為對另一半的憤怒、仇恨和責怪。

小心這樣轉移痛苦的焦點，可能會毀掉另一個跟你一樣痛苦的人的生活。面對像喪子這樣的痛苦，把過錯推到另一半身上並沒有意義。

要非常小心怪罪的心態，這可能讓你充滿仇恨，而這樣的仇恨會將你推到痛苦深淵。把你的力氣花在尋找支援吧，而不是抽絲剝繭過去，這樣對你和你身旁的人來說健康多了。

你還有哪些事沒做？

暴風雨減弱的時刻，就是開始思考自己的時刻。看看鏡子中的自己。你經歷了痛苦。你試著修繕自己。情感的風暴開始減緩。慢慢地，悲傷淡去，遠離了你。該是你問自己最嚴肅而有療癒的問題：你還有哪些事沒做？

不要還沒盡情享受人生就抱憾離開這個世界。不要只求勉強過活，像個情感麻痺的殭屍，每天只是下班回家和離家上班。你還有哪些事沒做？還有哪些事想做？想去哪些地方？你靈魂撕碎了，但能修繕自己。現在的你比以前堅強、美麗和高雅。看看鏡中的自己。你值得活下去。你值得快樂的生活。快樂就在相對於悲傷的另外一個盡頭。我們可以同時感到悲傷和快樂。我們心情愉快時，看到一個小孩痛苦，而為他感到悲傷。同樣地，我們可以為心愛的人死去感到悲傷，但是也要加入快樂的時刻。

注意彌補自己的行為

當我們遭逢心愛的人過世的打擊，心理是處在非常脆弱的狀態。死亡奪去我們一部分的靈魂，留下等待填補的空洞。我建議你就依據金繕大師的古老技藝，用金漆來填補這個空洞吧，但是有些人卻選擇有毒的彌補行為。

有些人用酒精或毒品，有些人用可怕的行為來挑戰死亡，比方自殺，像是刻意開快車或從事高風險的活動。有人絕望吶喊，把自己交給死神，只求結束痛苦。有人以折磨其他人、有人虐待小動物、有人甚至折磨自己。這些乍看可以彌補傷痛，但相信我，其實一點用處也沒有。當一個人失去孩子、失去人生摯愛，或者你心愛的寵物，可能暫時喪失理智。

當你身邊有人正在哀悼時期，他用有毒的行為來彌補，我鼓勵你帶著溫柔的心幫助他，讓他明白這類行為只會毒害自己。試著讓他看清楚。你可以在這場最黑暗的暴風雨中，扮演指引他的燈塔。你不用是個心理醫師，這不是知識而是情感的問題。

讓自己放聲大哭

就生理面來說，我們沒有多餘的東西。大自然和進化是有史以來最優秀的設計師。數千年來的進化讓我們具備所有生存所須要的，去除其他多餘的。

悲傷和哀痛非但不是壞的，而是好的而且需要的。我們活在一個擁護快樂，把悲傷妖魔化的時代。悲傷並不是沮喪，悲傷是我們活著的一種基本情緒，悲傷的最極致是哭泣，是可以接受的功能。這讓我們暫時封閉自己，專注在自己身上，思考並重建自己。同時，哀痛有兩個非常重要的功能：一方面讓我們能紓解神經系統累積的壓力，發洩情感的弱點，另一方面，能讓我們告訴身邊的人我們需要幫助。

所以，讓自己放聲哭吧。不要壓抑哭泣的衝動。哭泣能幫助你。如果你的身體這麼要求，就哭吧。盡情地哭，哭過之後你會感覺好一點。哭泣時不要帶罪惡感、羞愧感，你可以哭到無法自已，直到一滴眼淚也不剩。要哭幾次就哭幾次，當你流光最後一滴眼淚，就擦乾臉頰，再一次跟自己連結，準備好活出人生，這時你會知道比以前更加強壯和有能力。

不要孤立自己

當你痛苦時，你不會關心任何人，也不會想知道他們的事，這是可以理解的。一般人認為最好是一個人獨飲痛苦，但這不是正確的方法。我們需要獨處、冷靜思考和安靜時刻。但是我們知道，只要願意接受其他人的支援，就能及早度過哀悼期，也能恢復得比較好。

因此須要在人際關係和陪伴之間找到平衡。聯絡身邊關心你的人吧。接受他們的關懷。參加家庭或是朋友聚餐，這都是令人愉快的事，讓愛你的人圍繞在你身邊，不要孤立自己。你的社交圈不需要太廣。少而質量好要比多而質量差好。就讓他們圍繞你、愛你、享受他們的關心和支持。拿起電話，打給你所愛的人或你的朋友。痛苦是沈重的負擔，但只要有人一起分擔，你會好過一點。

處理趁虛而入的回憶

或許心愛的人過世，會帶來一點創傷後壓力症候群。若是這樣，回憶可能會在最出其不意的時刻趁虛而入，白天的話是以回憶乍現，夜裡是惡夢。當你的生活受到打擾，加上焦慮來攪局，你就得採取行動，因為你不只悲傷纏身，還得抵抗焦慮。

替自己安排每天的行程吧。你的神經系統正處在焦慮、失控和壓力狀態。行動吧！給自己安靜的環境，讓神經系統冷靜下來。不要攝取咖啡因或提神劑，別讓神經系統太活躍，做點溫和的運動、泡熱水、睡覺、休息、散步跟沉思。總之，不管是主動還是被動，都要讓自己放鬆下來。

當回憶趁虛而入時，負面情緒滿載的畫面會出奇逼真。這些畫面會在任何時刻，趁你不備時入侵。當這一刻來襲時，你要請它離開，你得奪回掌控權，別讓悲傷和痛苦的回憶猶如土石流滾滾而來。你要轉移注意力，從回憶裡尋找跟你所愛的人有關的畫面。快到你的內心和回憶裡尋找吧。換掉此刻在你眼前的畫面，就如同我們滑手機那樣。伸出你的手指觸碰螢幕，拿回憶裡美麗的畫面換掉痛苦的畫面。

不要自暴自棄

哀悼的過程是一串複雜的反應，有時難以掌控。對有些人來說，失去所愛的人相當痛苦，這種痛苦佔據了他們的思考跟生活。這樣過度專注的情形，會讓人慢慢地失去在此之前的各種興趣，甚至不再在乎、關心、在意自己和生活。對他們來說，日子變得乏味，時間變得空虛，這種放棄自己和生活的態度，最後會無法處理創傷帶來的問題。

當一個人自暴自棄時，會覺得吃什麼都一樣，甚至有吃沒吃都一樣。當我們自暴自棄時，走在大街上不會注意周遭的景物，走了哪一條路，以及跟哪些人擦身而過。當出現自暴自棄的行為，代表我們不再在意個人衛生跟打扮。當你遇見自暴自棄的人，你會看到他們跟你說話時，是帶著恍惚的眼神；他們看似聽你說話，甚至點頭同意，但你可以看到他們其實離你幾百萬公里遠。

自暴自棄不簡單也不容易，這不算膽小鬼或懦夫的行為。有時自暴自棄是經歷了難以忍受的痛苦之後留下的後遺症，這是面對已經崩塌的世界的唯一選擇，或者我們沒有其他選擇。

但是，親愛的讀者，千萬別自暴自棄，也別讓你的朋友因為心愛的人死去而自暴自棄。我們自暴自棄，代表放棄人生，最後我們會慢慢死去或猶如行尸走肉。如果你看見有人自暴自棄，記得對他伸出援手，別讓他遭人遺忘。通常結果會是正面的，因為在許多例子中，這種自暴自棄是來自沒有其他選擇。不管到底有沒有其他選擇，重點是自暴自棄的人是怎麼想。不論如何，記得對他伸出援手，像這樣墜入深淵和陷入空虛，只要出現一隻手、一道光芒、一抹微笑，就會讓他突然重拾觀點，回到正常的生活軌道。

補償你的痛苦

當靈魂撕碎，當心愛的人死去，我們會清楚知道一件事：痛苦會跟我們糾纏許久時間。要從孩子死亡的陰影恢復並不簡單，這輩子要避免痛苦基本上是不可能的事。每一次你到一個新地方，當你在街上看到他最愛的那款腳踏車，或當你看到其他父母跟孩子一起快樂地玩耍，你的眼眶會濕潤，悲傷的眼淚滾下臉頰，或從心底湧了出來。這些時刻，你的傷疤依舊發疼，當你帶著悲傷的目光凝視它，看到的應該是美化過後的傷疤。

失去所愛的人的痛苦，會伴隨我們一輩子，疼痛程度或高或低。當忌日來臨時，我們會感到更痛；當我們轉移焦點，會感覺好一點。儘管痛苦並不是無所不在，我們卻經常想著失去的人，很難相信這輩子可以擺脫痛苦。當然，最好的辦法是補償痛苦，但是方法要健康、平衡以及溫和。痛苦可以透過生活來補償，享受正面的情感和愉快的感覺。我們必須過著平衡的生活。我們的身體可以忍受一點失衡，暫時失去平衡，甚至一次劇烈的痛苦，可是無法修復嚴重失衡。

每天給自己一個補償的計畫。加入一系列行動、思考或者回憶，能帶給你正面的情感，補償你的痛苦。或許是一次散步、一份回憶，甚至是寫一封信或是一些思考。你可以旅行、讀好書或者跟朋友談心來補償。安撫你的情感，可以讓你減輕痛苦和轉移焦點，藉此補償你的痛苦。

積極平復你的情感。努力重建繼續生活所需的體內平衡、繼續生活、照顧自己以及跟他人接觸。積極補償痛苦，擺脫罪惡和羞愧感，這些絕對不是沒意義的態度。

我們的人生是受需求和補償主宰。動力往往來自一種需要補償的失衡狀態，是驅使人生前進的引擎。當我們餓了，就得補償這種感覺和需求。當我們渴了，需要喝東西，補償的機制就會啟動。同樣地，我們也要補償夢想、痛苦，或者任何的需求。

傾聽自己的需求

需求具備調整的功能。我們的身體是透過需求與我們溝通，比方吃、喝，或者睡覺，讓我們能繼續生存下去。對於情感、成果或者認同的需求，能讓我們實現我們和身邊的人認為重要的目標。

自我平衡機制是受需求主宰。一旦出現失衡，我們的身體或心智會送出需求的信號，因此可以說，需求有明確的調整功能。

然而，我們一般認為需求是不好的。但這樣妖魔化需求太不公平而隨便。請容我肯定地說，需求不但好也有必要。問題在於當需求失焦（比如因為過度悲傷），攪亂我們的生活。

但我們經常不懂身體發出的信號，我們滿足於失衡的現狀，看不見身體對我們的要求。因此，當婚姻生活出現問題，真正需要的是停下來仔細分析和重新考慮，而非尋求外遇。如果以佔有滿足需求，代表我們要重新評估我們的生活方式。暴飲暴食是告訴我們，我們非常焦躁，我們得重新評估優先順序。渴求認同或者安全感，清楚地說明了自尊心的狀態。

另一方面，為了滿足需求的產業繁多，主要以創造需求來販售商品。這可不是偏執的答案，而是事實。只需要看電視看一會兒，你會發現數也數不完的商品被創造出來，要滿足其實沒必要的無數需求，或者說我們用其他方式去注意這種需求。於是，新車可以給你需要的安全感，昂貴的包包可以標示你的地位和權力，到人間樂園度假可以讓同事驚嘆。

親愛的讀者，不要否認也不要迴避你的需求。試著注意並了解。當你分析時，你會發現身體想告訴你的訊息，而且不要猶豫，盡最大力量去滿足。

需求跟痛苦一樣，是好的，具備調整功能。痛苦會阻擋我們去做傷害我們的事，讓我們去看醫生，避免任何併發症。需求也一樣，不管它的本質如何，我們經常不懂如何了解、處理和解決需求。有些人把需求趕出他的生活，但這不會是有效的選擇，只會讓生活充滿怪異的評斷，如同支撐一棟搖搖欲墜的建築物。我們需要愛、舒適，也需要食物跟認同。我們有需求是正常的，問題在於我們不去了解和處理。

從哪裡著手？

- 從哭開始，允許自己表達你感受到的悲傷。
- 接受你的人生會改變，依照你的現況，慢慢調整。
- 不要把焦點放在死亡，而疏忽活著。
- 替你的痛苦尋找有效益的出口。
- 處理你的回憶。
- 做你一直想做的事。
- 注意自己，不要自暴自棄。

• 補償你的痛苦，重建你自己。這就如同參加一場長跑，你得補充水分和能量，而哀悼就像是一場長跑，你會重生。

該怎麼做？

當心愛的人過世，我們傷心欲絕，把其他的事視作次要，包括我們自己和我們的需求。但是我們不能遺忘自己。如果採用接下來的幾點，就能妥善面對心愛的人死亡：

• 睡覺，因為身體跟大腦能透過睡眠進行修補。如果你想折磨某個人，只要不讓他睡，你會看到他快速崩潰。睡眠要充足，但不要超過九個小時；如果有需要，可以睡個午覺。睡覺不是逃避也不是折磨自己。

• 吃。不要不吃不喝，吃會讓你好一點。如果你只有孤獨一個人，也不要放棄煮飯。飲食要均衡，攝取蔬菜水果，戒除有害的食物和習慣。吃得均衡外，不要把食物當作發洩的工具，或者覺得吃飯麻煩。一定要吃，不過不要亂吃，不要暴飲暴食。吃是因為食物能幫我們維持在平衡狀態，在許多時候，吃可能害我們生病也能讓我們康復。

- 轉移焦點。不要對發生的事耿耿於懷。主動。一直無法忘懷心愛的人離去，不代表愛他或更想他。探訪家人和朋友、上劇院、出門散散步、閱讀、旅行，做任何你想做的事，但是務必轉移焦點，這樣能讓你重新注滿能量，才能度過艱困的哀悼期。
- 從事體能活動，能讓人精神煥發，因為身體釋放腦內嗎啡，因此我們能轉移焦點，重新連結自己。做點運動（走路、跑步、騎車、游泳），但是得要到戶外，徜徉在美麗和鼓舞人的大自然裡。你可以單獨或者結伴去做，重點是持續下去。
- 講話對抒發內心壓力很有效果，並能調節占據我們的悲傷。不要把話悶在心裡。講出來，與他人分享，透過這種溫和與謹慎的方式，你會感受到痛苦比較穩定而可以忍受。

第十八章　修繕崩塌的愛情

案例四：心碎的瑪莉亞

瑪莉亞不曾想像過心碎成千百片的滋味。她是無意發現，這樣的事總會發生。當時家裡來了很多賓客。她想上廁所，但是裡面有人。所以她決定到二樓的廁所，卻聽見她的先生講電話。不敢相信。她真不敢相信。

於是她走進廁所隔壁的房間，嚇了她先生一大跳。她眼前的騙子氣得不得了，只想轉移她的焦點，爭取時間。但是她搶走他的手機，看清楚他跟誰通話，也看了短訊和照片。

她失望極了，心碎成一片片，她的先生撕毀了他們十年的婚姻關係。瑪莉亞彎下腰拾起碎片。她既失望又傷心，既生氣又自責。人在感覺感情被糟蹋時，往往感到自責。

案例五：初戀的傷痛

他失戀了，這是他的初戀，一段美麗而熱烈的戀情。他知道初戀往往最美，初戀是一切都等著去挖掘的處女地。他知道他毫無保留地去愛的人是情場老手。他知道但依然像飛蛾撲火。初戀時有誰會有所保留？他就是卸下所有防備，赤裸裸投入。他獻出他的靈魂和身體，給了一個發誓永遠愛他的人。

他知道初戀雖然最美，可是一旦失戀，往往最痛。而他失戀了，他的靈魂、生活、夢想和詩也跟著戀情碎裂。他早知道後果卻無法避免。「我再也不要為愛所苦。」他對自己發誓，並拾起千瘡百孔的心的碎片。

案例六：我怎麼會愛上她

他從桌邊望著她。他決定再喝一口酒。「我怎麼會愛上她？我們之間究竟怎麼了？我們的人生消失了，我們的吻不見了，現在看到她，只有滿腹的悲傷和怒火。我們曾經是神仙眷屬嗎？」梅洛紅酒讓他的回憶模糊不清。「或許我們永遠不該結婚。」事實上，他根本不確定他們是否曾共同分享過什麼。或許曾經有吧，可是隨著時間過去，他只看到在梅諾卡島的那個聖若翰洗者之夜替他們的人生烙下印記，但是是厄運的印記。

「我怎麼娶一個喝醉時在狂歡派對上認識的人？」現在一切看似清楚……或者其實是模糊不清。這是一段脆弱的戀情。他很想喜歡她……。可是，他們不該開始一段他現在斬斷不了的關係。

他已經耗盡戰鬥力。他多的只有孩子。他需要動力。他又替自己倒了一杯酒。他的意識越來越模糊。他站了起來，感覺有點頭暈。他的視線飄到掛在壁爐上方的孩子的照片。「或許明天再跟她提吧。」他心想。「親愛的，我要去睡了。」他對太太說，回到房間途中，他感覺自尊碎了一地。

案例七：寂寞是代價最高的東西

她多希望能得到他的愛。她是這麼渴望他。她願意給他要的一切。但她分不清愛情和順服。她希望感覺被愛。他看見她渴求愛情，就讓自己被她的金錢包下。她很樂意花錢，換取他從不拒絕她的要求。

寂寞是代價最高的東西。她喜歡看他開心，要讓他開心很簡單，她的帳戶還足以應付。一切很順利。他們的交往美妙極了，乍看真是美妙極了。直到有一天，她在朋友家住了幾天，才恍然大悟愛情的真諦，愛情最後會組成一個家，養幾個小孩，攜手共度人生的困境，白頭偕老。

那一晚，她輾轉難眠。那一晚，她發現愛情不能用買的。可是，為什麼她非得花錢才買得到愛情？難道她不能有那麼一天找到愛情？那一晚，她發現孤單一個人比假裝有人陪伴要好。

那一晚，她痛哭流涕，撕毀他的照片，斬斷他們的關係。她最感心痛的是沒能早點覺悟。娜塔莉亞拾起她在夢裡碎成一地的羞恥心，她痛苦不已，筋疲力竭，最後哭著睡著了。

拉開距離

那你呢？當愛情最後只剩責任、失望和深深的痛苦……，你確定覺悟很糟糕？可是，如果你用不同的觀點來看，你一定會跟我一樣認同，因為許多原因不一定是糟糕的。首先，也許你早已預見愛情會結束，不管是因為另一半不忠，愛已經耗盡或者從來就不存在，只是你並不想確認。事實上，遭欺騙、感到疲倦或者心碎的人，在遇到很多類似我描述的狀況時，都害怕某樣東西，等待一絲絲希望。我們經常假裝不知情，因為若不假裝，我們就得接受和承受痛苦跟難過的後果。我工作二十年來看遍數不盡的夫妻問題，我可以肯定地說，當一段關係結束，最痛的是你欺騙自己，拒絕接受你已經發現的真相。

好吧，你的另一半拋棄你、欺騙你、對你不忠、或者當你是空氣，但如果從正面來看，你就會知道這些信號也預示你得改變人生。我們不太習慣改變，往往拖到痛苦太過劇烈或受傷太深。也許你很久以前就知道你們的關係出問題，只是你不知道該做什麼來導回正軌。但是時間終究會來！

現在你已經清楚。結局突然來到，敲下你的門。我知道你感覺痛苦又驚訝，但是我得告訴你，我曾幫助的人百分百都克服了另一半不忠或失戀的問題，熬過一開始的痛苦，此刻他們比以前快樂多了。

結束一段關係並不一定是不好的改變：這種改變是好是壞還不確定。我們不能直接斷言不好，因為我們不知道命運之手會將我們推向哪裡。而一開始的確會覺得天昏地暗。你的理智遭到情緒綁架，彷彿一道猛烈而殘暴的龍捲風來襲。要熬過關係破碎的階段並不容易，況且有可能分手。這意味得要找新住處，分配財產，處理子女監護權，以及我們從未想像過的一長串問題和協商。然而，其實所有我剛所說的並不是分手延伸出來的負面結果，只是不愉快的結果而已。千萬別搞錯。不要把令你不愉快的事情當作是負面的或者是處境淪為更糟的改變。我再強調一次，我曾幫助走過分手困境的客戶，百分百的人在經歷一開始的不愉快，並進行必要的調整之後，全都能再一次享受好幾年不曾有過的精采人生。

另一方面，我們也不能說分手是好的改變，因為若是什麼都不做，任何事都不會發生。或許等著你的是好運，但我鼓勵你在等待運氣來臨之前，你得主動去尋找這種「好運氣」。你知道你不能確定未來會是如何，但你能知道的是你掌握把人生轉向正面的方向盤。我在前面舉的幾個例子，是經常發生的人生故事，幾位主角經過幾個月渾渾噩噩的生活後，開始享受他們精采的人生，並不斷問自己怎麼沒早點發現，過去與他們共度人生的人根本不愛他們。

同樣地，接下來我會告訴你，我花費相當多心力幫助這些案例，使他們重新學習愛人，不要因此放棄跟其他人共度人生這麼重要的東西。不過這些先留到後面說，現在我要來解釋怎麼走過失戀的低潮……。來吧！讓我們來換個方式思考。

諮商師的建議：

最聰明的選擇一定是結束一段關係，而不是不計代價延長。當夫妻或情侶之間開始出現裂痕，試看看是不是能修補。是不是有機會調整狀況，讓兩人繼續走下去；要記得設停損點。但是如果兩人的關係已經如覆水難收，就別再勉強延續，慎重地結束吧。

換個方式思考

「我要怎麼確定另一半還愛我？我該怎麼證實？」夫妻或伴侶之間，總會有一方感到不安和恐懼。或許這種恐懼是因為另一半的態度轉變，或者不是。但不管如何，當恐懼出現，不安就會佔據我們的內心和靈魂，啃噬我們，使我們無法享受伴侶關係。

「我越來越少跟先生分享心事。」「我能跟老婆重修舊好嗎？」「我們能再一次感受相愛時的熱情？」「我該怎麼重新愛上另一半？」「我們能修補外遇留下的傷口嗎？」「我們有太多年的時間專注在小孩跟工作上，忘了關心彼此。有可能找回失去的東西嗎？」我經常聽到在一起十年到二十年的伴侶提出這疑問。他們彷彿活在平行世界，雖然住在一起卻不再接觸。有時他們反而比較像樓友，而不是曾經熱烈愛過的伴侶，還曾一起對未來做了許多計畫。

他們怎麼會走到這一步？有一天你因為工作取消跟另一半的晚餐。有些天你因為小孩生病，無法替兩人留點相處空間。有些天你因為太累錯過親密時光。有些天你得早點起床上班，心情糟糕得不得了。度假時間到了，你得跟一切切割，把時間留給自己。耶誕節到了，你一點也不想去岳父和岳母家，因為你比較想安排一次小小的脫逃，但是卻掀起一場爭吵。至於度假，因為工作關係，只能安排一個禮拜。我們沒發現日子腳步飛快，五年、十年過去了。突然間，孩子已經長大，我也認不出自己，更認不出跟我一起生活的另一半。這時疑問、危機、恐懼、衝動的決定、吵架、失望等等問題，陸續浮現。

給自己一個重新認識自己的機會

走過大半人生，我改變了，我的另一半也一樣，我們變成兩個陌生人，這是一個問題也是個機會。問題在於自己無法跟十年、十五年或二十年前繼續做一樣的事。但是這也是個重新認識自己的大好機會。我們可以再一次談心，探索彼此的身體、靈魂，以及恐懼和欲望。我們可以聊聊未來。結束這個階段，開始另一個階段。

我見過許多夫妻或情侶決定分手，不給彼此重新認識自己的機會。其實他們只需要重新搭建一座溝通的橋樑。他們只需要膩在一起，單獨相處，調情、談心或做夢。

紅線傳說

日本有個古老傳說，注定在凡間相遇的靈魂之間會綁著一條紅線，以免他們找不到彼此。他們一旦相遇，那條紅線會繃緊、扯動或緊縮，但是永遠不斷裂。

一對心靈相當契合的完美伴侶或生活幸福美滿的伴侶，有時會因為不同原因是快樂的，有時則會遇到生病、壓力，來自於其他家族成員、孩子或不斷出現的挑戰和問題。這些伴侶，也就是真正讓紅線綁在一起的伴侶，應該花時間整理你決定放棄的關係。

為什麼愛情會淡去？我常常聽到這個問題，而我的回答是：「你們的關係是以什麼為基礎？身體？外表的吸引力？熾烈的熱情？玩玩心態？這段關係真的曾經有愛存在嗎？」人生替我們在旅途中安插了不同的故事、人物和伴侶，可能導致兩人關係的緊張和疏離。

重新學習去愛

我遇過不懂得如何處理某次遭遇或問題的人，他們的手足無措最後影響了他們的伴侶關係。我們一生中會遇到幾次重要轉折，可能導致精神狀態、思想和行為極大轉變，深深影響情緒。甚至可能引起我們人格的改變。這些情況包括遭到資遣、懷孕、罹患疾病、意外或是搬家等等。

不管是任何情況，只要帶給我們壓力、焦慮或不確定感，就可能對我們跟另一半產生負面影響。當我們面對壓力，會易怒，忍受力和理解力都降低。當我們溝通變少，溝通的內容往往會是負面的，主要都是責備。我們眼中的亮光消失，所有的幽默風趣不見。此外，這種改變是無聲無息、慢慢地出現，沒讓我們發現。突然間我們像變了個人，跟從前的自己判若兩人。我們的另一半開始無法了解我們，或者正如許多例子，我們的另一半選擇努力忍耐和試著諒解，最後付出代價。這一切會對我們的伴侶關係產生什麼影響，端看我們怎麼處理精神層面的問題。然而，第一步一定都一樣。這個起點就是了解自己的情緒狀態，不過這並不容易。

有時這種狀況可以調整回來，有時不能。這可能會是一場非常刺激、有趣和愉快的冒險。不要在身心疲憊時做決定。你不能不搞清楚發生什麼事，就倉促結束一段關係。如果你花點時間了解兩人之間情況，為什麼會走到今天這一步，為什麼可能分手，以及想要延續這段關係有哪些成功機會，你們得下正確的決定，結果不是繼續當伴侶就是分手。要下正確的決定，我建議你有所行動吧。首先分析你的情況，再來尋找其他選擇，預估每一個選擇的短期、中期和長期影響；依照這個步驟，要挑出最有利的選擇。

讓我們從頭開始，也就從重新學習去愛開始。在我提供諮商的這些年來，我看到許多人離開他們有毒的另一半之後，身心留下不可磨滅的烙痕，不過這應該是一種祝福。在許多時候，這種烙痕是負面的，會影響接下來的伴侶關係。深深的自責和羞愧其實應該是一種解脫。

大多數婚姻或戀愛關係破滅，是因為兩人之間有一種錯誤的正面想法；當我們以為某個人是共度白首的人選，實際上卻不是如此，這就是錯誤的正面想法，當這段關係最後變成令人挫折的負面經驗，讓我們痛苦，破壞將來的其他段的關係。

我認識有些人不願再信任任何人，不想再跟任何人交往。這一類決定通常是因為經歷一番折磨和痛苦。在這般磨人的經驗之後，保護機制築起高聳的圍牆，捍衛我們的心。

我認識有些人在結束一段或好幾段痛苦的關係之後，決定以被動和百依百順的態度對待新的伴侶。這種態度顯然帶給他們平靜和穩定感，但只有短暫效果。中長期下來，這種被動最後轉為挫折感，以及如同刺蝟處處提防。

有些人有了先前經驗，開始了另一段交往之後，採取百依百順的態度。百依百順會讓一個人失去自我，甚至引起反效果，另一半可能不想再繼續這段揹著包袱的關係。此外，中長期下來可能轉而怪罪對方，或者因為受夠了變成互不關心的陌生人。在選擇伴侶時採取百依百順的態度最糟的是沒有任何其他標準，不管對方是不是適合人選都接受。

我看過有些人根據過去經驗，認為要扮演主導的角色。這種行為的含毒量也高，在中長期往往帶給對方痛苦。在一段關係佔據主導地位，非但不會讓對方順服，而是養成他們的依賴和引起焦慮。

也有一些人相信愛是操縱、愛要殘酷，或者愛就是一種懲罰。也許這類型的人渴求的是另一半是毒型人物。

不管如何，想要享受圓滿和滿意的伴侶生活，就要重新學習如何去愛。或許我們會走到這一步是因為過去負面的經驗，或者根據過去的負面經驗而來的結論，這樣的經驗通常是片段、不完整而且太過粗略，但重新學習去愛的時刻到了，何不重新學習愛上一個人呢。

諮商師的建議：

當我們經歷一段慘痛的戀愛後，認知過程（也就是思考）會受到影響，因此失去分析能力，無法清楚思考，只以片段來判斷，最後得出不夠可靠、價值不足的結果。我敢說在許多例子當中，大多數兩性關係的問題，是來自我們在前幾段的感情以及跟另一半的相處。

行動

該是行動的時刻了，我們得改變我們自己，我們的想法，我們對愛情的觀點。當然，你在某個時刻一定會心碎。如果是這樣，就拾起碎片吧；對，拾起那些你埋藏過去最黑暗角落的碎片。撿起碎片，這是我們的工作。我們得重組你的心，讓它再一次熱烈跳動，對於熱吻感動，對於撫摸顫抖，再度憧憬愛情。

檢視你的過去經驗

讓我們從現在來檢視過去。現在你可以利用時間和距離，以不同的觀點來審視。如果你想要的話，也可以用同樣的觀點來分析發生的事。讓我來跟你分享一個例子來說明這種相當常見的情況。

我記得有位女性客戶，她的初戀淒慘無比。這並不是什麼特殊案例，只是她從交往不久就開始遭到欺騙。最後她受到非常深的傷害，豎起一堵任何人都無法侵入的保護牆。不知不覺，這堵牆妨礙了她後來的幾段感情。結局全部一樣。她沒辦法放鬆，只能讓愛情從手中溜走；她無法展現自己的風采；她總是緊張兮兮，處處防備。她跟交往對象無法交心，兩人之間出現嫌隙，最後結束感情。她的療程複雜而困難；事實上，她不肯拉開距離，就無法發現她才是幾段感情的劊子手。

我建議你挑出一段不如你預期結束的感情。現在採取一點不同觀點剖析到底發生什麼事。不用擔心，我會在整個過程陪伴你，引導你。我相信拉開一段距離之後，你能看見這段過去的感情有好的點也有不好的點。因此我們要分析，擺脫偏見，才能得出比較正確的結論。當我們受苦時，我們會希望趕緊消除壓力，所以我們習慣急著往前逃去，扔下代價高昂的感情債。

我記得有個客戶案例，我們曾花許多時間，一起談論他的一段坎坷的感情。他交往的對象，跟他在一起是基於利益而不是愛情。他卻是瘋狂愛上對方，為焦慮所苦，前來尋求心理諮商。經過診斷過後，我可以確定他的焦慮來源是他的另一半。好吧，並非完全是另一半，而是他的觀念與現實之間引發的衝突。換句話說，他看到的現實與他的內心感受存在著衝突。他一直看到他不想要的事，這些事揭穿的面貌跟他理想的模樣存在落差，甚至跟他的另一半應該有的戀愛態度是衝突的。他看到了，他看清楚了，卻不願意接受。他的朋友、家人，甚至是他的另一半的朋友，全都警告他，勸他擦亮眼睛。

我幫助他分析狀況，尋找證據，研究他感受到的落差，修正他的觀念，最他決定放棄療程。他不再來門診，我再也沒看到他踏進門口一步。五、六個月過後，他終於凝聚所有勇氣，相信他看到的事實，與另一半分手。但是他在這條路上付出慘痛代價。交往幾個月時間，他除了自尊心受損，還染上酒癮，抽大麻煙來減緩焦慮症狀。他發現自己遭到玩弄，儘管看到種種信號，還是不願相信。事實上，其實從頭到尾只有一件事發生，那就是他強迫現實要符合他的期望，他一直欺騙自己。他決定努力維繫這段感情，儘管他清楚看到他的信念和計畫與現實有所落差。

當我們再回來處理他的問題，他已經能用所需的觀點適當分析事情發生經過，從錯誤中學習，以免危害未來的感情。我們重新開始療程，但是附帶一個條件：我們必須從分析過去經驗和影響著手，這樣一來才能結束一個階段，擺脫偏見和錯誤，開啟下一個階段。

重要意外事件分析

你有哪些過去經驗？為什麼會是這樣的結果？現在你可以拉開距離來檢視。分析好或壞的原因，試著得出一些結論。不要想太多（我們之後會來一一過濾），列一張清單，上面寫著交往期間引起或導致爭吵的原因。

我邀你來分析你的每一段感情。你甚至可以替每個交往對象做個概述。我遇過許多人在好幾段感情遭遇同樣問題。因此總是選擇同類型的對象，特質也一樣，因此重複同樣的行為。最後以類似的結局畫下句點。

你的分析要鉅細靡遺，此外要包含接下來幾樣元素。請你在回答時要根據觀點、拉開距離，簡單化，要誠實，不要懼怕答案。

你該問的第一個問題是：為什麼這段感情以不好的結局結束？很有可能不只有一個原因，或許有一籮筐原因和狀況，最後毀了感情。你要試著抽絲剝繭。放下所有怨恨、痛苦，以觀眾的角度欣賞一齣老電影。

現在你已經分析完感情畫下休止符的原因，你應該再往前踏一步。分手的原因有哪些？或者你把慘痛經驗都歸咎給另一半嗎？試著仔細回想並記在心裡：「我們老是為了過耶誕節的地點吵架，其實這是自私和不懂尊重的行為。」有些事物我們看似普通，但不一定是如此，操弄、強迫和控制其他人的意識，不算正常。以這個例子，我們可以看到溝通風格不同，面對另一半的態度也會有所不同。我們經常使用操弄、強迫或勒索手段達到我們的需求，比如選擇共度耶誕節的地點。事實上，最健康的方式應該是把問題提出來討論。討論，並不是爭吵。

當我們釐清另一人的責任後，就該開始分析清單上的理由，該是誰的問題。或許你不會找到結果，但至少得試著分析。你不該懲罰或斥責自己；但是你也不該欺騙自己，得出錯誤的結論。

現在我們來分析所有我們喜歡的好的部分。有時過去經驗的好壞影響了我們的看法。如果前一段感情以悲劇收場，那麼所有的回憶可能都跟著染上悲傷色彩。試著想想是否曾有這種影響。不要隨便回想，而是要仔細分析。或許你會發現什麼有趣的東西。不要一竿子打翻一條船，試著找出美好的時刻，甜蜜的回憶。你要懂得區分，不要隨意評斷或把所有發生的事全覆蓋負面的色彩，你可以仔細有效地分析。

你能從這個經驗學到什麼？

讓我們來看看你能從經驗學到哪些東西。你得到什麼結論？當我進行看診，也就是在庇里牛斯山區健行、騎自行車或滑雪，就是使用我剛剛說的過程。讓我來舉個清楚的例子，相信對你有幫助。

瑪莉亞遭遇一次失敗的戀愛。交往兩年之後，她的男友決定結束關係，與另一個女孩展開新戀情。做過分析後，瑪莉亞發現他們關係惡化是因為兩人投入的程度不一。男方喜歡快步調的戀愛，女方卻顯得有些冷漠，不願意承諾。慢慢地他不再喜歡瑪莉亞，越來越無法忍受她的冷漠和若即若離。瑪莉亞一直覺得男方溝通欠佳，他應該直接提出他的要求。他們還有很多問題，但是我們只從男方當時的溝通問題簡單來看。完成檢視之後，瑪莉亞驚覺她才是這段戀情失敗的主因。她承認她冷漠疏遠，不夠敞開內心，逃避跟男方一起計畫未來。當時她認為沒什麼大不了的事，此刻感覺有些失當。她花了幾年，拉開距離，心態比較成熟之後，才有辦法回頭分析這段感情。但是她尤其需要的是，她在分析的時候並沒有因此扭曲她的看法和現實。除非能不帶偏見來分析經驗，否則一個人絕對無法清楚知道，在下一段戀情開始之前須要做哪些方面的改變和提升。

你是否覺得瑪莉亞的故事根本是你的翻版？那麼該是時候了，分析自己是如何處理過去的經驗，是否帶偏見或者啟動了保護機制。

學著承認你扭曲了思考

不管是有意還是無意，我們欺騙自己的方式有百百種；在心理學上，我們把這樣的狀況歸為扭曲思考。我會挑幾個最常見的例子來說明。或許你曾有過一種甚至好幾種扭曲的思考方式，但不要慌張，這是很平常的情況。我希望你能借助這個檢視，獲得所需的知識和能力，分辨有哪些扭曲的思考方式，以及該如何處理。

有些人的思考方式是極端化的。他們要的話就是全部不然都不要；要不無條件全部付出，要不保持冷冷的距離；要不一直談戀愛，要不從此不再談戀愛。伴侶關係，就像我們人生當中的其他關係，不可能是非黑即白，而是隨著一步步探索，持續添加各種色彩。

在許多案例中，經常可見過度概化一段戀愛關係所發生的事。從一個單獨事件開始，做出概化的結論，而通常是錯誤的，比如：「現在的孩子真是太無感。」、「現在的女孩子都太敏感。」、「任何人都不能信任。」、「每個人都是壞人。」、「每個人都想利用你。」等等。這類的思考會嚇阻任何行動，於是我們無法學習教訓或分析這段戀情為何失敗或順利。這類的思考並不正確而且背離事實，就跟其他認知上的扭曲一樣，重點不在於事實如何，而是我們怎麼詮釋，因為最終我們的思考會主導我們對事實的詮釋，以及情感和行動。

有些人對於自身遭遇以負面角度來看，因此只專注在消極和不順的方面。當一個人處在這種角度，是無法開始新的戀情，因為他所預設的是負面的未來，一心想著所有可能會發生的不幸。

當然，還有更多的扭曲思考，說也說不完，但剛剛提出的足以點出所有在伴侶關係中常見的狀況，當我們扭曲思考，能獲得些許平靜，短時間有其效果，但就中長期來說會對我們造成傷害，因為結論是無法建立在不穩固的基礎上。

另一個我想提出的觀點是自我應驗預言（self-fulfilling prophecy）。我從心理學上來觀察這個現象，是一個人，不管他是有意還是無意，促成了他相信會發生的事。譬如，如果你相信自己去參加派對會敗興而歸，非常有可能就會發生這樣的事，為什麼？因為你可能放不開、表現敵意的態度、人們不想靠近你、靠近你的人也碰得一鼻子灰，然而你卻都沒發現。沒錯，如果反過來，你認為參加派對會盡興而歸，可能真的如你所願。你一定會積極尋找享受的機會，樂在其中，你會敞開心胸，跟其他人聊得很開。

到目前為止，我列出一連串戀情失敗的現象、因果和風格，可能對伴侶關係造成的負面影響。重要的是，我們要清楚並察覺這些現象，因為許多時候我們根本沒發覺自己受到影響，身陷其中一個過程。第一步你要分析你的遭遇是否是其中一種。要發現並不容易，但是這是我們想改變的唯一方法。

別重蹈覆轍

在某些情況，我們沒有察覺自己深陷無限迴圈。我認識一些人離開虐待他們的另一半，卻又跟另一個一樣虐待他們的人交往，就這樣，甚至談了四段感情，換了四個不同的伴侶。這並不是因為這個人學不會教訓，而是可能他的擇偶條件就是讓他只碰得到同類型的人。因此，符合他的條件的適當人選只有虐待狂。基於這一點，他的選擇應該要是從可能人選中挑出最好的一個，也就是說，最不具虐待傾向的那一個。

在其他時候，我們想搶著扮演社工角色，卻讓這段戀情注定失敗。「我會幫他」或者「我會改變他」之類的句子反而揭示了失敗的下場。還記得吧？我們所做的第一個練習是思考，接受自己跟另一半該有的模樣，之後再考慮下一段戀情。

我該從哪裡開始？

- 從下決心開始，決心自己還要再談一場熱烈的感情。
- 從你的經歷學習教訓，讓過去的陰影隨風而逝。
- 談感情不要著急。給自己時間好好認識一個人。
- 不要想從戀情中尋找你缺乏的東西。你該做的首先是讓自己成長茁壯，接著找個人分享生活，拒絕浪費你的生命的人。

我該怎麼做？

- 分析我們怎麼詮釋自己的遭遇跟負面的經驗。
- 你須要重新學習如何去愛，放下錯誤的經驗。
- 重點是學會辨識對象，精闢分析，和從結束的戀情得出正確的結論。
- 確認你的痛苦是否來自經歷受挫的感情過後常見的態度，如消極、充滿戒心、封閉自己、搶奪控制權、認命等等。
- 記住，最困難的是察覺並承認你根據自身利益來扭曲事實。

第十九章　修繕褪色的夢想

案例八：墜入痛苦深淵的克蘿耶

克蘿耶（Cloe）緩緩走著，她眼神茫然，尋覓著一絲不知在何處的希望。她步履蹣跚，身心疲憊極了。她對她的人生感到厭倦。她在受盡痛苦、焦慮，和欺騙每個人之後，已經耗盡最後一滴力氣。總算她對人生有所領悟。她的腰重重地壓在隔開她跟懸崖的籬笆上。她覺得好痛，因為她的人生、失敗、褪色的幸福，因為她辜負了大家。她灌下一口手上的琴酒。她再也承受不了這麼多痛苦。

她把腳跨向籬笆的另外一頭，先是右腳，然後左腳。在她眼前的是一處懸崖。真是諷刺。她根本一直生活在懸崖底部，一個充滿悲傷任何人都無法了解的深不見底的底部。克蘿耶什麼都有，她是任何女人都嫉妒的對象。她才貌兼備，有個愛她的老公和幾個可愛的孩子，她住在夢寐以求的屋子，有份理想的工作，儘管如此，她並不快樂。

她感覺冰涼的空氣包裹她的身體。她好冷。有誰想一輩子都穿著厚重衣物？許久以來，她一直在尋找溫暖的外套和棲身處，實在太久了。她無法享受，無法放鬆，經常失眠。她再灌下一口酒。她把酒瓶扔下懸崖，彷彿想測試底部到底多深。那是她的空虛，她感受到的空虛。真是諷刺！最終，空虛打敗了她。

她試過了。每天早上她都試過。當一整夜都在想事情和哭泣，第二天要從床上爬起來根本不容易。她試著想給她的人生意義，給她困在悲傷和寂寞的囚籠裡的生活意義。她第一次感覺她的痛苦就要結束了。她以及身邊的人的痛苦都將畫下句點。這麼多次，她被貼上懦弱、軟弱、不成熟、怪脾氣和過度要求的標籤。她的父母不了解他，她的先生也是。沒有人了解她的悲傷，她累積已久的不滿，她褪色的幸福和失去的活力，她空虛的人生。

現在她獨自一個人站在懸崖前，看起來沒那麼糟。長久以來，她一直感到寂寞，也為此感到自責。「妳一點都不能信任。」「妳老是一天到晚黏著我們。」「妳根本不懂得享受。」「妳一整天眼神呆滯，像個活死人走來走去。」

她就站在這裡，在懸崖前面，在希望前面，在從未真正活過的人生的終點前，在痛苦的人生前面。她心頭那股深深的悲哀就要結束了。她閉上眼睛，在腦海裡搜尋美好的回憶，任何甜美的回憶。可是腦中只有一片空白。她低下頭，頭髮蓋住了她的臉，沒有人幫他。大家只會批評她的憂鬱症。「振作一點。」她的先生對她大吼。「妳太敏感了。」她的父親對她大叫。「妳從來不陪我們玩。」她的孩子對她大聲抱怨。

她抬起頭，張開眼睛，太陽開始露臉。她的眼神縹渺，滿是疲倦和悲傷。她對人生不抱任何希望。一陣風撫過她的髮絲。她瞥了一眼右邊，希望發現些什麼，她尋找著某樣東西，她希望世界給她一個新的機會。但是她只看到痛苦和哀傷。她任憑自己往下墜，掉進黑暗。她非常熟悉空虛的感覺，這時她會不知道自己是誰，或者應該是什麼樣子。她掉下空虛。她感覺到辭職的痛苦、失敗的痛苦、與眾不同的痛苦、無法好好活著的痛苦，而活著卻是任何人都能做的事。她感覺手臂傳來劇烈疼動，同時身子往下墜。

她漂浮在半空，不想張開眼睛。遠方傳來聲音。她吃驚極了。她從沒學過怎麼生活，互相尊重，或是相愛。她看見一生彷彿恐怖電影，在眼前一幕幕播放。她也沒學過怎麼死。「我抓住她了。」一個年輕的登山客大喊。「幫幫我！」他對著正跑過來的同伴說。「妳在做什麼蠢事！」他對著雙手緊緊抓住的年輕女人大叫。更多的叫聲響起。

「每個人都對我大吼。」她心想。她不行了，連說話的力氣都不剩。她再一次閉上眼睛。她發出一聲微弱的哀號。她的胸腔像是爆炸開來，喉嚨卡住東西。她呼吸不過來。她也沒力氣哭。她緊緊地閉上眼睛。

每個人都想活著，只是當人生不再是人生，就什麼也不怕失去。她再次聽到遠方傳來聲音。她一點也不冷。此刻她躺在床上，努力想睜開眼睛。只看到模糊一片。她感覺心掏空了，碎了，裡頭只剩記憶、希望和恐懼的碎片。

「親愛的。」她再一次聽到那個聲音。那是個甜美而平靜的聲音，帶給她尋尋覓覓的一種安穩。「妳的人生撕碎了，但是可以修繕，等到妳成功做到，妳會不敢相信自己成長茁壯。不管發生什麼事，重要的是從這一刻開始將會發生的事。讓我們來撿起妳的碎片重新拼湊，不要對自己的過去感到羞恥，不要隱藏傷疤，因為它們證明了我們是變得多麼堅強。」

拉開距離

克蘿耶遭遇嚴重的問題，這種身心失調正影響大多數人口，卻沒被真正診斷出來。這個問題會潛伏很多年才完全發作，因此一般人不會去求助心理醫生或精神科醫生，等到發現時已經太晚。這個問題會緊緊地包圍你，讓你無處可逃，直到再也承受不住。這個問題有個名字：憂鬱症。

我是否感到憂鬱？

如果每一天，你一整天大部分時間都感到悲傷空虛；如果無法放鬆享受，總是對自己不滿；如果你的體重減少或增加；如果你睡得比平常少；如果你心煩氣躁或是精力減緩；如果你覺得疲倦、無力或者失去活力；如果你感到自責，或者沒有經過評斷就不恰當地自認無能；如果你難以思考、專心或下決定，而且你老是想著死亡、自殺，非常有可能你正感到憂鬱。這些就是憂鬱症狀，一種相當可怕的疾病。這些症狀跟摔斷腿不一樣，是不知不覺發生，受到社會批評，病患不明白自己為什麼這麼痛苦。

沒錯，憂鬱症是一種疾病。千萬別輕忽憂鬱症纏身可能帶來的影響。只有曾對抗憂鬱症的人才知道，這就像是世界末日慢慢降臨。憂鬱症是一種可怕疾病，它會趁你不知不覺，如蠶食般緩緩吞噬你的生活。我經常遇到求診的客戶說，他們因為分手而罹患憂鬱症，但事實上他們患病差不多五、六年了，他們的另一半提分手是無法忍受他們的憂鬱症。

對，憂鬱症是一種慢慢凌遲我們的酷刑。一般人可能以為憂鬱症患者一整天都在哭，但是不知道大多數的患者不被關心注意。患者可能正默默地進行一場殘酷的戰爭，每天早上都得費盡千辛萬苦才能離開被窩，他們經常感到痛苦，須要時時奮力活下去。更悲慘的是患者也得忍受寂寞和面對來自身旁的人批評和不被了解。在有些案例中，他們遭貼上跟風的標籤，在其他案例他們是自艾自憐，還有一些案例大家認為他們要勇敢些、努力些、不應該哭哭啼啼，要堅強一點。

一般人不知道的是，悲傷和憂鬱不一樣，正如同血糖高跟罹患糖尿病是兩回事。血糖有點高，只需要控制飲食，但如果是糖尿病患者，一天得注射好幾次胰島素，只要無法維持體內分泌的胰島素和血糖之間脆弱的平衡，就可能嚴重危及健康。

不曾為憂鬱症所苦的人也不了解，憂鬱並不是患者的選擇，他並不想生病，也不想受到身邊的人憐憫。患者一點也不想喚醒他人的憐憫或引起他們注意，甚至可以說他討厭成為焦點，不希望別人注意，想要一個人安靜。

憂鬱症是一種嚴重的疾病，甚至影響了大部分的認知過程。憂鬱症患者的思考變緩，想的通常是負面的，他們無法下決定，對自己的能力、自尊和外來感到失望，此外，他得努力抵抗他的病，以及身邊的人的無法理解和他們的偏見，最後患者可能失去對未來甚至人生的期盼和想像。

憂鬱症患者無法自我控制跟激勵，因此等他們願意求診，往往晚了四到六年時間。在這之前，他的家庭生活已經受到影響，另一半的耐心也幾乎消磨到極限，工作效能遠遠低於期許，外表也受到影響，健康狀況更是到了相當糟糕的地步。

到了這一步，患者很容易覺得人生沒有意義。當身旁的人無法諒解，當只覺得未來黯淡，當感覺無法扭轉現狀，他能繼續走下去的路就不多了。當看不見未來，厭倦繼續受苦，感覺被無盡的寂寞包圍，活在空虛當中，剩下的選擇並不多。

我沒見過不想活的人。每個人都想享受春天香甜的溫暖，大海的聲音或者來自一個孩子的擁抱。每個人都想看見每天早晨的陽光，享受散步，感覺乾淨床單的觸感，深冬暖氣的溫暖，或者愛人的親吻。但是，你若無法享受生活中的小小樂趣，不管怎麼做，你都無法擁有正面的情感，拱手讓惡名昭彰的憂鬱症搶奪你人生的控制權，到那個時候，你會不想活著，你每天早晨不會再想起床，你會考慮是否繼續這樣的生活。對憂鬱症患者來說，人生失去意義，變成一種折磨，變成一口漆黑不見底的深井，看不到隧道盡頭的光芒。

尋求專業協助

看看你的四周，你會發現受憂鬱症所苦的人比你想像的還多。你可能會在社區裡、電視上、大街上、超市裡或辦公室看到他們的身影。或許你可以幫助他們，別讓他們拖太多年才求助專家，別讓他們搞砸人生，別讓他們承受他人的指責。憂鬱症患者通常不會發現自己生病。他們非常努力想避開這種狀況。因此，拜託別再給他們太多壓力。如果你藉由本章，認出哪個不知道自己生病的憂鬱症患者，趕緊讓他知道。讓他們讀讀本章。多多關心他。對他伸出援手，助他一臂之力離開困住他的可怕深井。

如果你讀了本章之後，認為自己有憂鬱症傾向，趕緊處理。憂鬱有各種類型，需要不同的治療。但是千萬不能坐視不管。盡快尋求治療憂鬱症的專家，如果是團隊更好，因為你可能需要跨科的諮商，才能對付這種殘酷的疾病，打贏戰爭。

倘若你無法理解我剛才的解釋也沒關係；但要知道這種殘酷的疾病通常會帶來嚴重影響，因此要對患者展現同情心，尤其不要當他們是弱者，因為他們每天早上起床都需要強大的意志力才能離開被窩，那是我們一般人所沒有的力量。

現在你已經知道自己面對的是誰，這頭折磨你的怪物長什麼樣。讓我們迎向牠吧。

重點筆記……

- 憂鬱是一種神經系統疾病，會引起程度不一的嚴重問題。
- 許多憂鬱症患者就像影子遭到忽略。
- 憂鬱症患者並不想引起注意或你的憐憫，他們只想回到正常的生活軌道。
- 得憂鬱症並不是自願的。

- 憂鬱症會危害健康，影響認知功能。
- 憂鬱症患者往往得花好幾年才發現自己患病。

換個方式思考

讓我們利用兩個例子，換個方式思考。

（一）首先，假設你得感冒，那種害你下不了床病況急速惡化的感冒。試著想想這個狀況。這不是單純的感冒，而是重感冒，會引起你胸腔劇痛，讓你兩條腿發軟，腦袋裡鼓聲咚咚響。想像完畢了嗎？如果你曾得過重感冒，你會知道不管怎麼做都無法根除，所以你唯一能做的是減輕症狀。什麼？你不想要採取行動減輕症狀？親愛的讀者，科學進步，旨在讓我們更容易生存，你怎能白白浪費？就算不可能治癒，你也得從症狀下手，否則等病情加重，進一步危害你的健康，可就不只是簡單但猛烈的感冒。

（二）讓我們來看看第二個例子。有時我們的痛苦有藥可救，所以何必平白讓自己受苦，這根本沒有意義。想像一下，你有台功能有點毛病的冰箱，造成冰在裡面的食物保存不佳，讓你得了胃炎。你很有可能不知道消化器官真正的問題來源，你只是默默地忍受每隔一陣子發生一次的胃炎。但可別太天真，因為你什麼也沒做，情況只會惡化！然而，或許你試過不同的改善辦法。你改變飲食，看醫生，甚至裝了一套滲透淨水器。但令人十分難過的是，你把力氣浪費在錯誤的地方，並沒有對症下藥，一點也不知道真正的問題在哪兒。憂鬱症也是同樣情形。有時我們以為正在做對自己有利的事，實際上非但沒有靠近，反而遠離真正的問題。

你對這兩個例子有什麼看法？你真的相信正在做的是治好胃炎，減輕感冒症狀，沒把感冒搞得更糟？你真的沒有疑問？同樣地，讓我們看看治療憂鬱症。不管是不是常見類型的憂鬱症，我們先把傻話放到一邊，把它當作感冒或胃炎來談。

憂鬱症是一種病。當然是可怕的那種。儘管一般人輕視它，只當小問題看待，它還是一種病。千萬不要只是默默忍受。別讓自己承受這種看似單純但殺傷力強的病，不要為憂鬱症的症狀感到羞恥。換個方式想想：這只是可以處理的感冒或是可以治癒的胃炎。

行動

或許你已經憂鬱纏身好幾年，這種病影響了你的社交、家庭和工作。不要浪費時間，清楚記住你的目標，開始行動：找回夢想。

然而在開始之前，我要點出一個重點：你須要先找位專家評估你是否為憂鬱所苦，以及病況對你的人生造成哪些影響。我會在本章提出幾個對你十分有幫助的要訣，但這絕對不是替代方案，你還是得找位專家進行所需的診斷和治療。當然，在進行同時我們不能只是等待，我們可以而且得做很多事。準備好了嗎？

（選擇性）解釋你的遭遇

如果有用，我們可以考慮找身邊的幾個人談談。

我鼓勵你冷靜分析這個可能性，如果可能，當然要減輕來自那些不了解我們精神狀態的人給的壓力。有時，跟父母、另一半或者上司聊聊，能讓他們明白你並不是自願痛苦。有時，只是有時，有人能換掉他們腦袋的晶片，不再折磨你。不過重點是你得評估是否值得分享，以及跟誰分享。不是每個人都能理解，如果你認為對方是如此，就不需要跟他解釋，省省你的時間和力氣，投資在其他比較有用的方法。

那麼你該解釋什麼？我建議你把內容分兩部分，第一部分描述你的故事，第二部分著重在你的感受。第一部分最重要，你要告訴談話的對象你認為自己得了憂鬱症，所以想要弄清楚你的疑問。你可以讓他看看本章的「拉開距離」這段，向他解釋你讀過了，發現你的症狀符合書裡描述，你想要釐清自己是不是真的得憂鬱症。當你決定行動，往前踩出幾步，你要做的就是跟在乎的人分享你的想法和疑問。跟他解釋你的感受，你談話的對象給你的感覺很重要。接著可以進行談話的第二部分，在這部分要著重在感受。跟你的談話者分享你的需要，你希望能發生哪些事，尤其是他的態度，你知道他可能會懂，也可能不懂。

如果談話的結果有幫助，那麼慶祝吧。如果不如預期，也別擔心，這是可能發生的事。我懂你有多沮喪，因為你期盼談話對象能表現一點同理心，但別忘記你找他談，是因為他到目前為止只是一再給你壓力，他不懂你的狀況跟你的需要，所以他可能思想不夠周全，須要發展他的同理心和憐憫心。重要的是你試過了，這是最好的報酬。只要你願意嘗試，就比其他人做得多，這就是你的價值。

重塑你的生命

讓我們一起來重塑你的生命。這個點子如何？你住在一間房子，裡頭黑漆漆，沒有窗戶，又濕又冷，因此該是改變時刻，要不開空調或搬到其他新住處。

在某些時刻，悲傷跟快樂格格不入，正如同我們之前提到，我們得主動尋找正面的情感，讓我們補償我們的感受。這就是實行和補償的原則。你可以住在一間雖小但是漂亮的屋子。你可以開窗，漆牆壁，布置裡面，汰換一些家具，最後你會看到屋子煥然一新。

我建議你列一張清單，寫下所有你喜歡能讓你心情變好的東西。或許你做這件事時，需要有人陪在身旁，不管是你的朋友、另一半還是兒女，因為他們喚起你的回憶，或者你喜歡的事物能打開你的心房。全部都可以列出來，從馬鈴薯煎餅（前提是你喜歡）到週末跟另一半來場浪漫的約會。包括大小事、細節、禮物、經驗或小小的喜悅。當你完成清單後，謄寫到紙上，把紙張對摺收進一個特別的盒子裡。可以是有開孔的盒子、花瓶或者是小盒子，但是你要放在觸手可及的地方。一天最少一次，你要把手伸進盒子裡拿出那張紙，不管如何，你可以想到就馬上做，或者盡快安排一個時間。千萬別留到明天或者下個月。用這些小小的喜悅豐富你的人生吧。記住，你罹患憂鬱症，如果沒經過安排，要自己尋找樂趣是非常不容易的事。所以替自己做個充滿樂趣和驚喜的計畫，把枯燥的生活填滿正面的經驗吧。

重塑你的生命，漆牆，讓陽光和溫暖填滿你每一天的生活。對，填滿你的生活。在大多數例子中，小小的動作集合起來最後會引起一個大的改變。

踏出第一步

我相信你的生活不乏邀約。仔細想一想。那個總是找你打板網球的朋友，那頓延後的晚餐，那位邀你一起上英文課的同學媽媽。但是或許你自行預設這些邀約最後的結局不會太好。你很想去打板網球，可是你自認球技不佳，找不到運動服，會輸很多分，隔天會很累，肌肉痠痛。你很想參加晚餐約會，但是你認為一伙人外表光鮮亮麗，唯獨你外型憔悴，況且勢必拖到太晚回家，隔天得忍受宿醉，你大可把餐費投資在其他地方。你很想提升英文程度，但是你預設英文課會是一場災難，會讓你人生添一筆最無以復加的恥辱，你想像自己連一個英文單字都記不住，成為全班的笑柄。

這些全都是一面倒向悲觀的胡思亂想。當然，還是有可能發生，但不一定會照著你的劇本走。你的心智被沮喪包圍，困在悲觀的迴圈，把每個思想都染上悲傷的灰色。

我知道踏出第一步不容易，但一旦往前踏，你就能接受前進，繼續走下去。你會發現一切都很順利，生活一天比一天精采。你的精神生活不再單調，讓你想一再嘗試！

親愛的讀者，踏出這個第一步吧。我知道不容易，但一切一定利大於弊！

停止胡思亂想

千萬小心，這類想法就像戴著假面具的老千。「沒有人喜歡我。」這句話完完全全就是胡思亂想！完美符合胡思亂想的條件，乍看似乎有理，實際則不然。當然是有人喜歡你的，不過你要是相信這句話，就會對自己說沒人喜歡你，相信之後，你會感到悲傷，因而有了這樣殘酷的想法。

「我永遠離不開谷底。」天哪，又是另一個胡思亂想。或許要擺脫低潮並不簡單，也不可能立即做到；或許你要做出很多改變，為自己努力奮鬥，重建你的人生架構，但可以確定的是你一定能脫離谷底。但當然囉，如果你認為不管怎麼做都於事無補，這又是另一個不公平的胡思亂想，只會讓自己平白無故痛苦。

「我得再努力一點。」再一點！你努力過，你非常努力過，你知道的。早晨離開被窩不容易。揮散悲傷困難重重，掛上微笑送孩子上學更如同翻山越嶺。相信吧，你已經盡最大的力量。如果你不這麼想，就是在糟蹋和苛責自己。你知道憂鬱症的其中一個症狀是缺乏生命力嗎？你現在知道了。憂鬱症患者比一般人得花更多力氣達到同樣的目標。

「我的人生是一場災難！」來吧！把荒謬可笑的想法丟開吧！你的人生並不是災難，而是美妙的。你也是美妙的，一直都是，但是殘酷的病決心纏上你，詛咒你的人生。於是這句不公平的話再一次讓你白白受苦。你的人生是美妙的，但憂鬱症狀像是讓你戴上墨鏡，扭曲你對所有東西以及所做的每一件事的看法。

別忘記，你得停止胡思亂想。要這麼做的話，你得先清楚知道是哪些想法，以及尋求某個人協助，讓他給你所需的觀點分析，把這類型的想法拋下，專注在現實，挖掘出你的心智企圖隱藏的東西。

重拾夢想

夢想是人生的調味料，是你人生的所有畫面的濾鏡，是一陣激勵你的靈魂的涼風。在這個寶盒裡充滿嶄新的色彩。它是清新的玫瑰花香水，是夜鶯的歌聲，也是浸泡你的雙腳的清涼海水。夢想有張微笑的臉，而且是快樂而充滿活力的孩童的笑臉。它是人生的導師，是幸福的助燃劑，是打造精采人生的最佳推力。失去夢想會從活著墮入殘喘過活的困境。

夢想代表一種人生態度，一種豐富你的人生的選擇。如果你把夢想投注在你做的每一件事，你會過得快樂，享受人生。為充滿夢想的人生歡呼吧！替你的人生加一大把夢想，追求快樂的生活。

夢想是來自認知、願望和希望的推力。沒有夢想，我們無法達成我們的目標。然而，有時須要感受夢想，才會夢想追求某個東西。懷抱夢想過日子須要意志力和渴望，渴望享受人生遇到的每一樣事物。

然而，夢想也是一種助你實現目標和生活方式的能量，在你意志力薄弱時，夢想就是推力。夢想是我們主要的動力助燃劑，在你需要的那一刻，扮演引擎給你額外的能量，如展開新的階段，或者站穩腳步面對挑戰。

計畫一開始就要成功不容易。你可能因此意志消沉好幾年。當計畫的困難度越高，我們的目標也就越不容易實現，需要我們投注更多的努力。當你缺少大量的夢想，就不可能達到不凡的成果。

我喜歡把夢想想像成賽車電玩裡頭的額外油箱。你知道我的意思嗎？在多款賽車電玩中，可以選擇加上渦輪增壓或者氮氣噴射，提升車子的速度。賽車比的是第一個抵達終點線。當所有的賽車手距離終點不遠時，你突然使用了保留到最後的氮氣噴射，讓車子加速！領先其他競爭對手。這就是夢想，一種額外的能量，讓你在某一段時間內加速、努力，藉由助力衝向目標。夢想是你所擁有的最佳定心丸，幫助你平安橫越災難似的憂鬱狀態。

人生道路上的每一天，你都要替夢想補給燃料。想像一下，你有個活存帳戶，每當你做了什麼感動的事，就會在裡頭存進一大筆夢想的現金。另外一方面，每當你感到沮喪，夢想的總額就會下降。事實上，真正重要的是你能自動存進夢想的能力。你知道想要自動存進一大筆夢想現金的祕訣是什麼嗎？那就是做出決定，選擇你要前進的路線。

做出適當決定就是走在正確的路線上。當方向正確時，你也能補給你的夢想，這種夢想能給你所須的能量，熬過人生的這個階段，並且遺忘它。

抬起頭來

人生病不會感到羞恥，不管是小感冒、糖尿病還是摔斷手臂。人生病也不會責備自己，不論是扭傷腳踝、頭痛或是耳炎。那麼我們為什麼會因為憂鬱症狀感到羞恥？心理失調往往不是單獨發生，會伴隨深深的羞恥感和內疚感，讓憂鬱的症狀惡化。因此，抬起頭來，你並沒有做錯什麼事。你並不是自找憂鬱，你並不是做錯了什麼導致憂鬱症上身。不要感覺差，不要讓人使你感覺差。

當有人說他也曾經沮喪，最後成功走出憂鬱症，要知道他說的非常可能不是真的，因為一個曾為憂鬱所苦的人一定會對跟他一樣患病的人伸出援手。向那些不懂你的人說再見吧。不要替自己找藉口。不懂你的眼神的人，也不會懂你的解釋。別忘記，你得專心對抗疾病，投注所有力氣避開沮喪或浪費任何一分鐘，因為時間要留給自己。

注意，你是重要的

或許你忘了自己，忘了你的需求，以及忘記照顧和寵愛自己有多重要。當憂鬱主導你的心智，首先我們做的第一件事就是忘記自己，甚至虐待自己，這是一種不自覺的懲罰。

你已經過度隨自己讓命運主宰！該要照顧、寵愛自己了。你可以洗個澡，清潔身體，享受蓮蓬頭下水流的撫摸，替自己按摩，泡溫泉，給自己買乳液，整理你的衣櫃，享受日光浴，曬古銅膚色，睡覺和好好吃飯。我可絲毫沒誇張！你得愛自己，照顧自己以及尊重自己。你只有一具身體，所以讓它享受值得的對待。

可是你不只得照顧跟寵愛身體，也得這樣對待你的靈魂、頭腦、心和精神。分析看看妳是怎麼跟自己對話。你說了什麼？你給了什麼訊息？用什麼語調？分析你說了什麼以及沒說什麼。憂鬱傾向會腐蝕自我意識和自尊。我的病患當中有許多受憂鬱折磨的人會嚴厲地辱罵自己，當自己是廢物，不斷地鄙視自己。

分析你怎麼跟自己對話，你得對自己溫柔一點，對自己好一點，了解自己的需求。不要虐待自己也不要處罰自己。學習敬重自己，與自己和睦共處。

發展自我激勵的能力

動力是我們強大的情感力量之一，容易受到憂鬱影響。當你沮喪時，做任何事都費力，因為動力降到低點。遇到這種情況，你應該要能以冷靜的態度擬定計畫。我的意思是，當心情鬱悶時，比如臼齒痛，可能有時情況轉好，有時轉差。我建議你該利用轉好時間擬定一個計畫，寫進所有你想做的事，像是照顧長輩，跟朋友約見面，增加運動量，增加煮食機會，購買好一點的食物等等。計畫的內容務必要是經過考慮而且是可完成的，因為一旦去做，就要完成。當動力不足，我們就得透過計畫來自我激勵。

我總是認為，計畫就像一本導引手冊，不一定需要使用。除非你無法激勵自己，得把手冊當做治療工具。

如果你滿腦子希望自己消失

如果你曾經想過死亡能幫你從痛苦解脫，你認為沒有人會想念你，這樣做是幫身邊的人一個大忙，或者你不配活著，那麼我不得不對你說，你錯得一場糊塗。我知道你很痛苦，你看待任何事都是負面的，你相信未來也不會改變。我只能揣摹你的想像，無法感同身受，但我知道有一天一切都會過去，遲早有那麼一天當你回顧這個時期，你會知道自己成功戰勝可怕的病魔。

慢慢地，你會看到自己如何重拾自信。慢慢地，你會恢復所有認知功能。這如同有個人摔斷腿，他需要康復時間，因此當你開始積極改善自己，你會知道自己是如何離開那口深井，如何穿越漆黑的隧道，如何恢復對自己的好感。

我知道你相信死亡是結束所有痛苦的方法。我非常同意這般巨大的痛苦難以承受。可是這不是唯一的解決方法。還有其他方法，並沒有你想像的那麼複雜。

不要放棄活下去，你的痛苦是暫時的，只要度過這最漆黑的一夜，一定會出現曙光。只要熬過最強烈的暴風雨，一定會雨過天晴。一定會有其他道路跟其他選擇。

從哪兒開始？

- 尋求有能力的專家協助，讓他評估你是否有憂鬱傾向，以及這個傾向如何影響你的生活。
- 從生病的角度向自己解釋你的遭遇，評估是否需要也向其他人解釋。
- 安排能讓你產生正面情緒的活動並完成這個計畫。

- 認識並處理負面的胡思亂想。
- 豐富你的人生，以激勵的方法喚醒你的夢想，以及你所需要的額外能量。

該如何做到？

- 拋開你的羞恥感和內疚感，也遠離那些會引起你這種感覺的人。你的身邊並不需要有個不了解你，只會批評你，帶給你負面情感的人。
- 計畫迎戰憂鬱症，一如與任何疾病作戰的態度。如果我們想擺脫它，就得直搗病兆和問題點。
- 照顧自己，寵愛自己，不要把自己擺在優先清單的最後一項，而是擺在最前面。
- 檢視你跟自己的內心對話，添加一點樂觀的調味料，尤其要懂得尊重自己。因為對你評價最差的就是你自己。
- 當你缺少動力，記得從冷靜態度擬定計畫。

第二十章　修繕失去的快樂

案例九：當身體無法回應需求

「喔，妳拿得動筆的，這又不是板模工粗重的工作。」醫生的話再一次在她的腦海迴盪。她瞄一眼時鐘。現在是凌晨三點。鴨絨被沉甸甸的，每晚她都因為不舒服而醒來。一旦醒來，她的腦袋就會迷失在負面的想法裡，悲傷混合了怒氣與痛苦，一種無聲的劇痛掐住她的靈魂和身體。

她不想亂花錢，不想求醫，不想要無能感，她只想停止感覺痛苦，重拾曾經的活力，她想要堅強和積極的態度。她不需要能夠跑馬拉松或攀登高山；她只要能陪孩子一起玩。提得動超市購物袋，不必休息兩天才能拿起吸塵器清掃，她想要跟先生跳舞，到森林裡散步。

眼淚滾落她的臉頰。她的腿好疼。她起身服用鎮定劑和安眠藥。「我希望明天早上能早點兒起床。」她對自己說，並擦掉眼淚。疲憊感再度襲來，她睡著了。

「媽咪，妳明天可以來接我放學嗎？」艾爾莎驚醒。現在幾點了？六點半。「該死！我只想瞇一下啊。每天都這樣！簡直是一場災難！多令人厭惡的生活！」她對自己說。這天早上，艾爾莎起床替孩子準備早餐，給他們梳理儀容。她無法送他們上學。她的腿還很疼。她送孩子到門口，回到床上。「再瞇一會兒就好，醒來再準備去接他們。」她喃喃自語。不過她在床上躺了一整天。

「親愛的，自己做個三明治當點心吃好嗎？然後寫功課，媽媽馬上過去。」

「媽咪，不用擔心，好好休息吧。我會幫自己做火腿三明治，嗯？」她的兒子說，並走出房間。

她想下床，試了好幾次卻都沒成功。她一整天都在昏睡，精神卻依舊委靡。「我求的不多。」她喃喃自語。「我只想知道自己有什麼毛病，該怎麼解決。」她打開平板電腦，再一次搜尋：自我免疫系統專家、風濕病科醫生。她關掉平板電腦，下床，走到冰箱那兒，替自己倒一杯能量飲料，然後梳洗。她不能丟下孩子獨處。她凝視鏡中憔悴、悲傷和乾瘦的自己，困在一具跟她沒有交集的軀體裡。她擦乾眼淚，走向飯廳，她感到手臂因為用力梳頭而疼痛。

抵達飯廳前，她擠出一抹微笑。艾爾莎曾經樂觀積極，能把逆境化為挑戰，一次次激勵自己，即使越來越不容易，依舊不放棄。

拉開距離

過去艾爾莎是個快樂和充滿活力的人，凡事全力以赴。她是天生的運動家，任何運動都難不倒她，她認真工作、笑臉迎人，此外，總是設法撥出一點時間從事社會服務工作。總之，她是個傑出、感性、聰明和勇氣十足的人。不過她不曾想過自己，她過著精采的生活，從沒問自己她的樣貌是什麼，該變成什麼。

但突然間，艾爾莎開始一點一滴流失精力。從事活動對她來說越來越困難，比如運動、旅行、跟朋友聚會，甚至因為長期在責任感驅使下拚命工作，她已經無法再上班。最近這幾年，艾爾莎失去了活力和特質，彷彿變了一個人。她一天只有幾個小時感覺比較好。她夜晚睡不著，白天懶洋洋，經常得對抗疲倦和疼痛感。

艾爾莎困在一具不是自己的軀體裡，付出了極為高昂的代價。艾爾莎想擺脫痛苦，得先認識自己，保有自己的特質，接受新的處境。她一樣是過去那個美好的自己，只是她不這麼看自己。

因此，所有跟艾爾莎陷入相同困境的姊妹們，永遠不要忘記妳們還是那個美好的自己，本質一直沒有改變。但現在妳們要好好保存妳們的優點，尤其是珍貴的特質，遠離一直虎視眈眈的疲憊和痛苦。

所謂的特質，相當複雜。我們是怎樣的人跟我們相信自己是怎樣的人，是兩件截然不同的事，另外還有我們怎麼認為其他人看待我們的眼光。天哪，太複雜了！面對這般複雜的狀況，我們只有一招：拉開距離，用全面觀點來看，所以我要開門見山談正題。

你就是你自己。不要擔心自己是什麼模樣，或是別人怎麼樣看你。讓我告訴你為什麼……。因為你不是人格分析專家，圍繞在你身邊的人也不是，所以他們的看法和意見真的只是意見而已，意見不代表事實。不要不斷分析自己，評斷自己，更不要在意其他人的想法和意見，否則你就是作繭自縛。

艾爾莎不斷問自己爸爸會怎麼說。沒有人會了解一個人為什麼整天躲在家裡不出門，她的父親更是最不可能的那位。但是你知道嗎？你並不需要得到身旁的人的理解。當然，我不是說得到理解沒幫助，不過你也不需要因為他們不了解而感到壓力罩頂，因為能深度感同身受的人不多。

渴望被接受

渴望被接受是一種古老的伎倆，用來控制一個社會的成員，促使他們遵守規範。想一想，你出生在哪裡是靠運氣，你不見得能融入當地。因此，當你無法融入特定環境，你可以打包行李離開，你的腳底並沒有長樹根。不用待在不尊重你的地方。你可以在世界上找到一個屬於你的角落，一定有這麼一個地方。因為很多原因，你是獨特的，但是一定有個容身處。不要為了被接受，改變你的風格，不要為了「表面上」被愛，放棄你的特質。不懂得尊重你的人不會懂得愛你；不了解你的人不會接受你；不接受你的人不會待在你的身邊。

我們看到艾爾莎的生活一團亂。她感到痛苦，彷彿站在寬廣的法庭裡，四周圍繞充滿好奇的人，向大家解釋她能做什麼和不能做什麼、她的生活和她的痛苦，這個空間迴盪著她對自己失真和空泛的苛求。艾爾莎不斷問自己為什麼失去精力，為什麼連頭髮都覺得重得難以忍受，為什麼不能過正常的生活，為什麼無法戰勝痛苦。可是，不管答案是什麼，這有用嗎？真正重要的是你的感覺，不是你該有的感覺。你有必要跟誰解釋嗎？別再不斷評斷自己，接受你的特質、你的模樣、不要停止成長。拜託，記得停止評斷自己，別用那些「應該」和「必須」折磨自己，專注在享受當下美妙的時刻。

你已經遭遇人生的巨大轉折，你沒得選擇，這個轉折在一些方面可能讓人不安，在更多方面可能是產生負面影響。但是最重要的是你的特質並沒有改變。如果艾爾莎每天想著自己是可悲的廢物（她是這麼想沒錯），除了疾病帶來的負面影響，她也得跟負面的自我意識纏鬥，這是太不公平和錯誤的評論。

真正的你要比現狀的你好得多

你的特質跟你的現狀是天差地別的兩件事。你不是病人；總之，你只是受疾病折磨的人。千萬別忘記你只是個凡人。你是個凡人，上天賜予你美妙特質，各種美德，一滿袋的計畫，一串機會，以及數也數不盡的可能性。

你是個特別和獨一無二的人。別把你的本質跟你目前的遭遇混淆在一起。但要注意，比搞不清楚你的特質跟現狀還要糟糕的，莫過於你相信其他人用特定的方式看待你，一種你不希望自己是這樣的方式。

我總是一遍又一遍不厭其煩地對我女兒耳提面命，千萬不要在意其他人對她的評語。任何人都可能發表對你的意見，甚至不會只有一種意見，但是他們的意見不一定就正確。評論是一種自由，接受意見也是。如果你想聽聽我的經驗談，我可以打個比方，當河水潺潺流動，河道不一定有水，而是有人希望聽到流水聲。

或者，當帕特羅跟胡安聊天時，帕特羅一定聊自己比對方多。所以把你所相信的其他人對你的可能看法拋開吧，要一起打包丟掉的，還有他人對你的定見。

重點筆記……

- 你一直沒變，只是多了一點不同。
- 不要在意其他人對你和你的病的評論。
- 你是自己最糟糕的裁判。放輕鬆，別再無時無刻嚴厲批評自己。
- 專注享受當下美好時光。
- 別忘記，真正的你並不是處在當前狀況的你。你的本質遠比你感覺的痛苦和疲憊重要。

換個方式思考

大多數人互不認識，也不知道彼此是怎麼樣的人。我們這一生會慢慢加入別人對我們的描述和評論，比方愛我們的阿姨、氣我們的祖母、把我們歸類成不受教學生的老師、班上到處惡搞的壞學生。就連我這個專業的心理醫生也不能憑外表就了解你，我得借助不同方法和工具來了解你，勾勒出你的人格、特質、思考方式、價值觀和長處。因此，不管你覺得自己多渺小，該是換個方式思考的時候了，讓我來跟你解釋為什麼。

不管是你、你的表姊妹、你的另一半，甚至是我，我們都是根據他人怎麼看待我們，來決定各種行為，而不是我們真正當下的處境。評論你的人可能只是從片面的觀點，再加上一堆他個人的觀察。所以你怎能把他的意見當真呢？我的有些朋友認為我是個正經八百的傢伙，其他朋友則認為我是無可救藥的瘋子。你知道為什麼嗎？因為個性放蕩不羈的朋友對我就是怎麼都看不對眼，但是對那些作息固定的人來說，我老是在嘗試新玩意兒跟新的冒險活動。

那麼，我該是哪一種？是浪子還是嚴肅的傢伙？這其實一點也不重要，真正重要的不是我是誰，而是我會下哪些決定。現在你或許會問我：你是根據本質做決定嗎？（你為什麼這麼想？不要這麼問！）我的決定會根據我的長處、做決定當下的精神狀態、目標、擁有的工具、環境，以及一長串諸如此類的條件。

所有跟艾爾莎有同樣遭遇的你們，你們是美妙的，應該這樣看待自己。你對自己的感覺並不是壞事。沒錯，有些人不會了解，但是他們的不了解不該是你痛苦的原因。

我替你的痛苦感到難過。相信我，我懂，我非常了解。對抗一個隱形的敵人是多麼令人心煩，但是你應該要改變一個主要的觀點。你要做的不是對抗你的病，而是調整節奏，與它共存。你的生活變了，可是你不用因此改變本質。別忘記，真正的你要比此刻這具困住你的軀體美好。你能重新修繕自己，依照你的處境，調整你的生活。除了優點外，你也要接受你的限制，你要盡可能努力減輕你的限制影響你的生活。

是與不是

你是怎麼樣的人跟你的行為舉止，是兩件不一樣的事。你曾對自己講過幾次：「嘿，這不是我吧？」如果你觀察自己的行為，你會知道要從單一結論來猜測未來是困難的。行為綜合了許多偶然和負責的因素。你跟你的朋友以及另一半相處的模式不會一樣，當你累了或者精神飽滿時，對待朋友的方式也不會一樣。因此，重要的是你要試著認識自己，然後才能了解自己和發展你的長處，但是這趟內心之旅的要角在於你得跟自己溝通，而不是一直批評自己。

把注定化為影響

當你為自己的本質默默痛苦，或者當你因為生病或意外受影響，你得非常認真地跟自己確認一件事。那就是你的遭遇帶來很深影響，但幸運的是，不是不能改變。換句話說，你的病是已經在你的生活佔據一定份量，可能留下傷痕，造成影響，但是絕不會是不變的因素，命運並不是寫好的劇本。

你還是你，你改變了，某個意外、某場病或者某些信念困住了你，但是你的人生不會因此陷在目前的處境。但你若是默許，你的人生可能就此擱淺。如果你相信做什麼都於事無補，你的人生將永遠圍著你的問題打轉。可是注意，一定能做些什麼，而且應該去做。

只有你，沒有人能替你卸下扛在肩上的沈重包袱。當我們試著修繕人生，我們應該從最大的一塊碎片著手，用它定錨。那你知道是哪一片嗎？就是你的本質，最能代表你的那一塊碎片。然而，有可能你認不出是哪一塊，我們的本質是依據其他碎片，父母的期望，恐懼，理想的自己組成。但是這個本質不一定會符合你的長處和潛力。

大多數人都不認識自己。我的工作是幫他們連結自己，結合真正堅強的情感。找出你最大的一塊碎片吧。該怎麼做？你不知道是哪一塊？對，沒錯，對，你最大的那塊碎片是你擁有的最大潛力，所以，讓我們開始定義想要看到的自己。可是我們想看到的不是未來的自己，而是現在、當下的自己。

意志力問題？

身體的問題跟意志力問題不一樣。對，你感到痛苦，容易心煩，每次努力過後難以恢復。你會悲傷、沮喪、疲累、壓力罩頂和焦慮，這都合乎邏輯，但是不論是哪種處境，你應該要了解這些狀態是一種結果，而不是原因。

不過這種情感狀態（比方說憂鬱）以及症狀，可能讓你的整體症狀惡化，因此建議你要特別處理，不要視而不見。任何感到痛苦的人，已經每天都遇到計畫受挫的人，都會感到沮喪或壓力，不要忘記，任何人都會這樣。

發展你的潛力

還記得拉莉・雷沃嗎？拉莉告訴我們，每個人來到世上都有一個使命和目標，但是我們不知道是哪一種使命，直到我們發展全部的潛力。所以讓我們行動吧：

你希望自己是什麼模樣？你一直夢想做什麼？有答案了？很好，接下來換比較複雜的第二部分：你要怎麼基於現在的條件來實現目標？

艾爾莎一直想投身烹飪世界，但是發病以後，她日常生活步調大亂，不得不遠離鍋碗瓢盆。她經歷沮喪，放棄夢想，最後她成功振作，把她的夢想和需求結合在一起。她按照她的步調，不勉強自己，開始經營部落格分享教學材料，以她的經驗和品鑑能力，幫助其他同行。

徬徨最糟糕……

儘管艾爾莎曾經站在人生十字路口，經歷了接受醫生治療和周遭的人的不被了解，包括她的家人在內，但由於無法診斷出正確病因，所以她被貼上懶散和廢物的標籤，因而無所適從。或許難以理解吧，但是這是個嚴重的問題，艾爾莎絕大部分的困擾來自兩個原因。第一個是如果只是一般診斷，有正確的病名，就可以清楚告知其他人她的狀況。

「你沒工作嗎？」

「沒有，我正在治療癌症。」

你的講話對象已經知道你的遭遇，你的病況，你做了什麼，以及沒辦法做什麼。當一個人能清楚解釋，能給對方一個參考的範圍，能使他懂你的遭遇，不會再多加猜測，不會要再多要求解釋，更不會拿一籮筐問題逼問你。

讓我們重來一次同樣的場景。

「你沒工作嗎？」

「沒工作。這很難解釋。我沒力氣，全身上下都痛。嗯，很複雜……」

「是生病嗎？」

「是，不是，嗯，是一種病兆。嗯，醫生還沒有結論。」

「但是，你到底怎麼了？病名是什麼？」

「喔，我得走了，再見……」

這兩個場景很不一樣，對吧？在第一個場景的對話，你能得到他人的了解、敬佩和幫助，把你視作打一場困戰的英雄，相反地，在第二個場景的對話，你洩氣沮喪，甚至懷疑你所經歷的真的是心理問題嗎；你悲傷，孤單，遭到他人懷疑或批評。

第二個原因是，因為沒有一個清楚的參考，你無法定義自己究竟得了什麼病，進而影響你的自我意識和自尊，最後使你的病兆惡化。你沒有一個明確的敵人，一旦沒有明確的敵人，你不知該對誰開槍。沒有靶心，沒有目標，不會知道該把力氣花在哪裡，因此精力都浪費在打一些對我們沒有幫助的仗。

雖然不知道打什麼仗讓人心煩，我建議你要能接受。我知道有些事你不知道，但是我們不能什麼都想控制，有些事是在我們掌控之外，有些事我們無法了解，還有更多事乍看根本無理可循。然而，我建議你把你的注意力從不確定的事物移開，轉到確定的事物上面。我們不知道你得什麼病，這種病會怎麼影響你的未來，病況會怎麼發展，但是我們知道的是你是個非常棒的人，你的特質一直沒改變。

重點筆記……

- 接受自己，享受認識和剖析自己的過程，和你做的、說過、想的或感覺的一切，以及你還沒做過或是感覺的一切。
- 不要再評斷自己，展開跟自己的對話。
- 把注定化為影響，你辦得到的！
- 管理不安與恐懼的情緒。
- 我們每個人都有天賦和待完成的使命。以你的天賦實現你的使命，你將會變得快樂。

行動

該是行動的時刻了，踏出第一步，重新跟你的生活連結。我們都有天賦，來到世上也都有這個使命，因此，讓我們以天賦實現使命，再一次活出精采的人生，重拾生活的喜悅。

調整你的期望

讓我們從頭開始。艾爾莎必須根據她的現況設定比較符合現實的期望。以前，她可以工作上千個小時，運動上千個小時，跟上千個朋友聚會，但是這是當她最佳狀態的時刻，而這個過去已經結束了。如果艾爾莎無法根據現況調整她的期望，一定會痛苦，因為緊抓著過去不放，無法好好活在現在，也無法計畫未來的夢想。

我們的期望每隔一陣子就要更新一次，跟作業系統或應用程式一樣。但是期望的功用是什麼？是一種從某個觀點，對未來提出的預言。我的意思是，我們知道自己身處何處，握有哪些資源，能做什麼，從這樣的標準提出對未來的假設。問題在於有時我們會從不符合真實的觀點，得出錯誤的期望。

以艾爾莎為例，她的觀點是以她的能力出發，但是她沒更新這種想法，以符合自己的現狀以及新的環境因素，而是停留在過去。如果她從過去的能力出發來設定期望，一定會遇到挫折。比如，如果她想騎自行車，她不自覺地會以過去經驗來騎自行車。她安排一條前往聖地牙哥的路線，過去她能騎上最陡峭的山路好幾個小時不停歇，享受恍若仙境的美景，以及一番努力過後疲憊感所帶來的甜美。此刻她渴望騎自行車，可是一出發，她就看到原本的期盼全變成挫折，因為沿著山谷騎車散步不到一個小時，就得牽車走路回家，雙腿疼得不得了，她沒辦法繼續騎下去。幾次出遊之後，她決定賣掉自行車，揮別一部分的人生，這都是因為她沒有根據現狀調整期望。

因此，真正重要的不是你能做什麼，你過去有哪些成果，而是你現在能做什麼，需要哪些東西才能做到。

艾爾莎的自行車

騎自行車不只是夏天的活動。自行車是能帶來快樂的最棒工具之一。對我個人來說，每一種自行車我都喜歡。我不是收藏家，但有一天我若要決定收集東西，一定是登山自行車。

我可以騎著車到任何我想到的地方去。但是我也能來趟在海邊的寧靜遊艇之行，騎單速車在城內快速繞一圈，跟著導遊探索城市。

提到自行車，有一天我陪著艾爾莎到一間自行車行，我知道她熱愛這個美妙的發明。我們結束診療後，一起去散個步，但是我心裡有個明確的目的地。抵達車行，我請一個店員介紹電動自行車，艾爾莎卻生氣地告訴我電動自行車不是自行車。

「親愛的艾爾莎，」我回答她。「請妳跟我聽聽這位先生怎麼解釋，我們再來考慮要不要騎這種偽自行車享受風景和迎風快感，或者我們就此放棄再騎自行車。」結果一切如預期順利進行，不到一個禮拜，艾爾莎已經騎著她的新電動自行車，透過踏板的輔助，奔馳在大自然裡。親愛的讀者你應該要接受你目前的條件和現實，千萬別直接放棄你的嗜好。更新並調整你的期待，你一定能找到快樂。

全面性和系統性的介入

像艾爾莎這樣的例子須要從行動、情感和人際層面著手。艾爾莎須要減經她的焦躁，因為焦慮限制了她的精力和她修復的能力。壓力不會引起任何疾病，但是卻開啟一扇門，讓免疫系統、消化系統、心血管系統、肌肉骨骼系統，以及呼吸系統等等，出現不同程度改變。

首要的是，評估是否由心理醫師來正確掌握和觀察身心狀況，使用適當的藥物治療。有些抗憂鬱藥和抗焦慮劑，雖然有助於壓制跟心理症候群引起的疼痛和持續疲憊，卻會帶來副作用

別忘記像艾爾莎承受了壓力和悲傷，她的身體是脆弱的，因此要想辦法減壓。別忘記除了藥物治療以外，我們可以尋求其他方法來減壓，比方泡個熱水澡、做日光浴、按摩等等。

艾爾莎需要借助方法，學習如何依據現實調整她的期望，以貼近她目前的情形、精力和整體的狀況，最後心理醫生的工作是去除她自尊面的疲乏和痛苦，改善她的自我知識的問題，提供她工具，讓她卸下偏見和來自內外在的壓力，開始做決定。

最後，非常重要的是來自身旁的支持。艾爾莎的先生和孩子須要了解，發生在她身上的遭遇是不由自主的。艾爾莎受到一種連醫師和科學都不能確認的東西纏身，只能歸類為慢性疲勞和纖維肌痛症。這種症候群來自一些神祕或無法正確診斷的疾病，依據一系列症狀做分類。總之，艾爾莎是不能，而不是不想抗拒。另外要注意的是，在艾爾莎狀況比較好的時候陪陪她，需要休息時讓她安靜休息。或許她的家人得學習獨自從事某

些活動，或接受這樣的活動，但是當她狀況不錯的時候，請利用時間好好和她相處。

重拾精力

如果你想要盡可能重拾精力，你得要依據你的需求來調整你的生活。接下來是一些建議：

- 簡化你的生活，關注真正重要的東西。但是要達到目標，首先你要分析你的生活有哪些真正重要的東西。開始重新定義優先事項和目標。區分首要跟次要，需要和不需要關注。此刻的你無法參與每一場戰役，所以你得決定把注意力跟精力放在真正值得的東西上面。
- 檢視你所做的是否有意義。評估是否須繼續你的一般工作、例行工作以及日常雜務，還是到了人生該轉個彎的時刻。能分派的就分出去。我記得我給艾爾莎的一個最好建議是去宜家家居買被套。把被套塞好被胎簡直是浩大工程！這個每個禮拜得重複一次的工作，其實沒什麼意義，可以完全免去。艾爾莎替家裡每張床買兩套被套，所有被胎不拿出來，她的先生或孩子可以直接蓋上，每個禮拜直接換上乾淨的，髒的拿去洗。省去換被胎的麻煩。

因此，你也要檢視你的工作和去除那些意義不大的雜事。不要忘記，你的目標是把精力留給對你來說真正有意義的事物，不是浪費在可以避開的事物。

- 學會用不同節奏工作。許多受疲勞和纖維肌痛症困擾的人的共通點，是他們在發病之前通常是精力旺盛和活力充沛的人。如果這正是你的例子，你得學會用不同的節奏來重新學習生活。你得檢視你對自己的結論，因為往往會找到在發病之後，所犯下的錯誤和沒有意義的結論。以艾爾莎為例，她好幾次試著騎自行車，到最後決定再也不碰自行車。這是大錯誤！問題不在自行車，而是她得改變一些事才能繼續享受騎車樂趣。別放棄，而是接受，調整和改變。
- 依據自己的節奏來調整活動。你可以踏青，但是路程要短，而且可以中途休息，或者想結束隨時可以結束。你可以晚上外出，但記得學會何時該回家。你可以跟孩子玩，但記得準備讓他們也可以自己玩的遊戲。千萬不要放棄任何事，只是該按照你的能力來調整生活。我記得有個熱愛高山的朋友，有一天他不能再繼續從事他喜愛的健行，於是我建議他買一輛四輪傳動敞篷車、一張野餐桌子和一台相機，開車上山。「老兄，開車上山是罪過呀。」這是他的反應。「試試看，再跟我說你的感想。」我對他說。在這個例子，這位朋友重新學會以現在的節奏享受他曾放棄的熱情。

- 打破負面情緒的惡性循環，因為這只會加深疲憊和痛苦。要做到，就要日復一日灌溉正面情緒，把正面情緒找出來利用，幫你平衡負面情緒。我們在其他章節提過，整理你的情感活存帳戶，用正面的經驗來彌補你的痛苦。
- 告訴自己，你的疲憊與痛苦跟意志力無關。你的遭遇也不是心智的問題。我非常厭惡那些告訴你是得身心症的人（包括醫生跟心理醫師在內），說那是一種憂鬱或焦慮，不會有事。有些專家，當他們不知道該如何解釋某個東西或無法解釋，他們會說是因為得身心症，把病人無法也不能處理的問題和責任撇開。的確有幾千種不怎麼常見的病還在研究階段，但不論如何，我們無從得知細節。
- 學習認識自己，認識這具乞求你放慢節奏的新身體。聆聽你的身體和它的需求。找出哪些是苛求自己的信號，讓身體休息。記住，你的恢復能力可能受到影響。

付出力氣的代價高昂，因此出力適當即可。也許你得學會拒絕，避免自主性從事太多活動，適當使用你的精力。你要先考慮自己，再考慮其他人，因為只要你的狀況好，你身旁的人也會一樣。

- 任何時刻都是重新開始的最佳時刻。禮拜一、明天、這個月、九月、度假回來以後或者現在。不要努力想維持以前的生活。你的生活或許從此改變，無法再回到從前。我鼓勵你接受現實，這是依據你的需求打造新生活所必須踏出的第一步。
- 我鼓勵根據你的需求重新定義你的生活，讓你的家人和身旁的人都能一起參與。你們不需要一起進行所有活動。也許你們可以一起去主題公園，投宿園內的旅館，需要的時候，可以返回旅館休息。也許你們可以一起去山區，但是不需要是馬拉松式遠足。親愛的讀者，不要忘了你要跟自己對話，也要跟其他家人談心。
- 不要在意其他人對你說的話。我們太過在意外在的意見，身旁的人的認可，或者與我們幾乎只有幾面之緣的人的認同。我們相互比較，希望找出模範和標準，但是這個所謂的模範太過不切實際和偏頗。當我們把某種無法指引任何事的標準奉為圭臬，我們就會根據偏離事實的概念打造我們的生活。我們會因為深信不疑，最後為了某個空虛的東西，感到痛苦、生氣和沮喪。

• 考量你的需求。你得這麼做。我們經常優先考量別人的需求，把自己的需求擺到後面。這是個大錯誤。而且我們在滿足自身需求後往往有種罪惡感，感覺自己自私，彷彿做錯了什麼事。你曾有過這種經驗嗎？你知道嗎？真正自私的人慣用的操控伎倆，是利用對方為自己做事，還讓他感到自己很自私。當你停下來思考，你會同意我的說法，只有在滿足自己的需求之後，你才能心情大好，與身邊的人的互動也比較能有良好的和令人高興的結果。

• 放下重擔。別再一直問自己你自己是什麼模樣，以及你得是什麼模樣，專注在你正在做的事，把你的評論和解讀放到一邊。享受當下時刻，嚐嚐你所做的事的滋味，停止折磨、檢視和質問自己。停止每天懷疑你的本質、疾病和未來。你只要去做、感覺、談心，和享受當下即可……。把你的注意力集中在你正在做的和經歷的事，當你心生猶疑或者某個令人心煩的念頭浮現，試試我們這一章的提議，出去走走。

• 你的身體會疲倦，你的心智也一樣。我們往往低估每天心智疲倦帶來的影響。學會掌握你的心智何時感到疲累，根據心智的狀態來看待在積極或消極時刻的自己。當心智疲倦，思想會偏向消極和負面，做出糟糕的決定，判斷力降低，觀察力多為片段。當你的心智疲憊，就休息吧，不要下決定也不要做結論。等到心智清晰，恢復正常狀態，寫給自己一些話，好讓自己下次充滿負面情緒和疲憊時可以參考。這樣一來，你能夠像船隻定錨，好好休息並調整自己，以免落入負面的深井。

- 根據你的經驗調整夢想。讓我坦白說。我們不知道充滿能量和什麼事都能做的本領，能持續多久。你跟我都不知道。我從許久以前就決定將夢想一一實現，並轉化為經驗。我總是想像自己生活在群山的擁抱裡；我總是想著「當我退休以後。」但二〇〇三那年，我搬到位於庇里牛斯山中新的一座景色優美的山谷色丹尼亞。我覺得不難但也不簡單。不過費了好大力氣。
- 因此，今天所能嘗試的，不要留到明天。我看過太多太多永遠無法實現夢想的例子，不管是因為生病，還是因為意外，或者是運氣不好，活在當下，將那些你真的想體驗的浪漫夢想挑出來，盡力去實現。

從哪裡著手？

- 接受你的生活已經改變，以及你得重整它。
- 重新定位你的期待，依據你的現況加以調整。
- 跟自己對話，跟家人談心。

該如何做到？

- 全面性、系統性、計劃性和建設性的檢視。
- 盡可能簡化你的生活。
- 檢視你正在做的事是否有意義。
- 接受人生的方向已經改變，根據需求調整節奏。
- 正視你自身的需求。
- 卸下重擔。

結語　不浪費！給自己新機會的藝術

「不要浪費！」長次郎大聲說道。「不要糟蹋有價值的東西！」

我們的對話來到最後階段。老實說，在這過程我想像過你的模樣，跟你暢談數個小時所有關於我在本書寫下、規劃和思考的內容。我領著你翻山越嶺，走過碧綠的草地和跨越轟隆隆湍流；我陪伴你穿過土撥鼠和羚羊群，頂著烈陽和經過樹蔭下，抵達森林和湖畔，所有我正在此刻結束時用 iPad 寫下來的地點。

我想像過摔碎的你，但是也想像你正在修繕自己，努力尋回往日笑顏，踏出第一步希望再一次過著精采的人生，而這是我們所擁有的最珍貴資產。人生，我們的人生。你的人生。千萬不要把你的人生交給任何人。如果你希望分享，可以和別人分享，但是不要讓別人搶走你的人生，也不要為了某個人放棄活出你的人生。你只有一個人生，活得精采是你的責任。或許該是檢查你的人生的時刻到了，看看你是為自己而活，為他人而活，或是照其他人希望而活。

不要糟蹋有價值的東西：你的經驗和你的人生。也許你痛苦過，但是你也重新塑造自己。你從你的遭遇學到的教訓，就是最珍貴的知識：經驗。這個經驗讓你成長茁壯，比以前更堅強。此刻，你已經充分準備活出人生，你有更多的工具，你更認識自己，你相信你的能力。因此，不要糟蹋這顆知識和經驗聚成的珍珠，不要把它埋在封存記憶的箱子裡，要陳列在醒目的地方。不要糟蹋你的經驗，那可是證明了你的情感的力量。

跟我一起力行不浪費哲學！老實說，我找不到可以解釋不浪費哲學的例子，這不是我創造的新哲學概念，但總之，請讓我用這個源自日本的概念來說明你應該有的態度，結束這場呈現情感、剖析、工具和故事的紙上對話。

不浪費哲學指的是，在痛失一個相當珍貴的東西（不論是否是物質的）時，我們所感受到的惋惜和悲傷，可以是教訓、時間、經驗、夢想、情感、點子，或甚至是想法。另一方面，不浪費哲學指的是一種正面的接受，要反過來利用機會賦予第二種生命，或者別糟蹋這個不論是物質與否但有價值的東西。嗯，我不知道東西本身的第二生命是本身具備，還是由我來給予。不論如何，如果你很清楚自己丟了哪些有價值的東西，你就能做點什麼來預防事情發生，或你至少要懂得利用，從損失得到的教訓或經驗。

現在，你已經知道不浪費哲學的意思，可是知道還不夠。光是知道，還不足以幫你活出你想要的人生，你要知道怎麼用它。有時我們累積了一堆資訊，把讀過的東西存檔，但是卻不懂得活用。這就像我們怕迎接新的機會、展開新的人生、給自己新的生活。但是你錯了！你應該給自己一個新的機會，重新開始。你不需要從零開始，但是你要以你所有學到的教訓，聰明出發。人生是一條崎嶇的道路，你會遇到跌倒或是轉彎的時刻。跌倒並沒什麼大不了。你可以重新站起來。以後你還有遇到很多摔跤的時刻，一次又一次，但沒關係。重要的是你再一次站起來。

關鍵是教育

未來，教育將有重大改變。為此，我正努力幫助老師跟學生學習連結他們情感的力量，我組織小組參加會議，我有一套促進感受性的理念和教材，旨在讓現今的孩子未來長大後過著健康、平衡和堅強的生活，面對逆境時能重建自己。

我的提議，也就是我的策略，是在中學時深度培養情感教育，由教育專家使用不同方法來進行。我甚至提出一系列主題，教育、發展和應用情感的教材。我們得從學校系統化情感教育，不要交由特定老師負責，方式也不該不同或有出入。

這是我們未來重大的工作，我們得教導學生和我們的子女許多事。我們得教年輕人如何掌握情感能力。我們得一遍遍告訴民眾他們該做什麼，但是目前我們還無法給出標準或是告訴他們要怎麼做到。不知道怎麼做，會感到挫折，可是事情簡單卻不去做，也會感到內疚。

總之，我們得讓年輕人準備好，把人生的逆境化為挑戰，不管跌倒幾次都能再站起來，從他們的遭遇學得教訓，擁有生存的理由，讓他們能自行修繕人生，尤其是處理愛和尊重方面，不管是對待自己還是身旁的人。

教育年輕人，甚至所有人，是我們的工作，是共享的責任。我們的一舉一動都看在我們子女和所有年輕人眼裡，因此我們要一直作為他們的參考指標。

不浪費哲學！

親愛的讀者，當你糟蹋你寶貴的經驗，或者當你看到某個人沒能好好利用他的痛苦遭遇，你一定要對自己或對他使盡全力大聲喊出來：不浪費哲學！即時停止浪費這個你人生最重要的教訓。

我在這本書對你提出各種工具與方法，希望你不要糟蹋寶貴的東西，比如你的經驗。你值得活得精采，重新獲得快樂、去愛、歡笑和歌唱。你值得再一次享受生活，體會感動。從遭遇學習教訓，給自己第二次機會，第三次機會……，給自己足夠的機會，但是不要忘記，千萬別糟蹋寶貴的東西，別浪費生命。

你曾經與痛苦共存，但是你已付出高昂代價。現在你足以把你的痛苦化作夢想，把你的折磨收為經驗，你的傷口已經用金漆修補變成疤痕。希望和夢想正在呼喚你，正在等待你。不要放棄你的生活，不要錯過這個使你成長的好機會。

你曾經受苦，未來也可能遇到其他磨難。現在你的智慧增長，你知道該做什麼，從何處著手。行動吧！當你缺乏動力，記得想像我對著你呼喊：不浪費哲學！

這本《金繕》已到尾聲，我們的對話即將結束，儘管如此，這場對話可以不要結束。你可以寄電子郵件給我，在所住的城市舉辦座談，分享你的學習經驗，跟所有人宣布你比以前的自己茁壯，驕傲地亮出你的傷疤，以你所學的經驗創造一個更好的世界，為其他人奉獻點心力，向那些正在痛苦泥沼中掙扎的人伸出援手。

總之，繼續談心吧，跟我或者跟其他人都好，但是別獨享你學到的東西，別默默地進行美麗的修繕，亮出你用金漆修繕的茶碗，你的例子是一支強心針，證明修繕是可行的。你的例子能幫助正在受苦而且別無其他選擇的人，修繕他們的人生。你的例子著實證明了重新活出人生是可行的一條路。